本丛书出版得到广东省高水平大学重点学科建设项目支持

系统功能语言学文献丛书

丛书主编：彭宣维 黄国文

U0745355

信息结构·主位结构·语篇功能

INFORMATION STRUCTURE, THEMATIC STRUCTURE
AND TEXTUAL FUNCTION

张克定 ◎ 著

上海外语教育出版社
外教社 SHANGHAI FOREIGN LANGUAGE EDUCATION PRESS
www.sflep.com

图书在版编目 (CIP) 数据

信息结构·主位结构·语篇功能／张克定著. —上海：
上海外语教育出版社，2020
ISBN 978-7-5446-6425-7

Ⅰ.①信… Ⅱ.①张… Ⅲ.①语言学—研究 Ⅳ.①H0

中国版本图书馆 CIP 数据核字 (2020) 第 059646 号

出版发行：**上海外语教育出版社**
　　　　　（上海外国语大学内）　邮编：**200083**
电　　话：021-65425300 （总机）
电子邮箱：bookinfo@sflep.com.cn
网　　址：http://www.sflep.com
责任编辑：**李健儿**

印　　刷：**常熟高专印刷有限公司**
开　　本：635×965　1/16　印张 15.25　字数 242千字
版　　次：2020 年 9月第 1版　2020 年 9月第 1次印刷
印　　数：1 100 册

书　　号：ISBN 978-7-5446-6425-7
定　　价：**49.00** 元

　　　　本版图书如有印装质量问题，可向本社调换
　　　　质量服务热线：4008-213-263　电子邮箱：**editorial@sflep.com**

系统功能语言学文献丛书

编委会名单

主　编：彭宣维　黄国文

副主编：于　晖　何　伟

编　委（按姓氏拼音顺序）：

常晨光　方　琰　何　伟　胡壮麟

黄国文　李战子　刘承宇　刘世生

苗兴伟　彭宣维　任绍曾　王振华

王　勇　严世清　杨炳钧　杨信彰

杨雪燕　杨延宁　杨　忠　于　晖

张德禄　张克定　朱永生

总　序

彭宣维　黄国文

　　初学者对文献的重要性往往缺乏足够的认识,想写文章的时候绞尽脑汁却一筹莫展,勉强凑一个东西出来却不入流:缺乏研究背景,缺乏研究问题,缺乏研究方法,缺乏创新观点,缺乏学科用语,缺乏组织策略,也缺乏格式规范。

　　确定一个研究方向,可先从汉语文献中选择自己感兴趣的章节入手,再及英文著述,半年一年,便会有所心得;三年五载,自当独树一帜。实践表明,知识来源于文献,己见发端于文献,学科推进更是少不了文献。文献的重要性由此可见一斑。

　　为此,我们组织汇编了这套"系统功能语言学文献丛书",方便后学查阅细读,揣摩审视。丛书中既有综述介绍,也有前沿研究;有独著,也有合作;作者之中,有德高望重的耄耋长者,有硕果累累的学派中坚,也有勤奋精进的青年才俊。我们想借此机会感谢各位师友积极配合。

　　本丛书的内容涉及系统功能语言学理论与应用的各个方面,既体现了各位学者在学术领域孜孜不倦的研究历程,也凝结了中国系统功能语言学团队的集体智慧,代表了中国学人在这一领域的研究水平。读者可以看到,其中有不少高水平的成果发表于国外知名期刊,走向了国际学科前沿;有理论开拓,也有应用尝试。

　　今后,除了国际化和理论探索,本土化与应用研究仍将是一个需要集体努力的基本方向。从理论上看,除了语篇语境、词汇研究和语音书写,研究者还需放眼其他学派和其他学科领域,协同求进,积极从议题上做超学科思考。我们希望,应用研究能够成为各位同仁的责任意识,在诸如翻译理论与操作框架、语言生态视角、外语教育学、汉语系统描写、辞书多元义项梳理、语言过程的计算表征、语言的生理神经机制、语言的脑成像实证研究、语言病理、国家话语等等领域,打开全新的研究局面,取得丰硕的研究成果。

我们衷心感谢上海外语教育出版社对本丛书出版的鼎力支持,感谢各位责编的精心付出。

目　　录

第一部分　信息结构和英汉语对比

第二部分 主位结构和语篇功能

CONTENTS

图表目录

前　言

2015 年 11 月 21 日,我收到了中国英汉语比较研究会功能语言学专业委员会秘书长于晖教授发来的电子邮件,说中国英汉语比较研究会功能语言学专业委员会和英汉语篇分析专业委员会联合征集功能语言学理论与应用研究的系列文集,将由上海外语教育出版社出版。很荣幸,我在受邀之列。这本小书也就这样凑到了《系统功能语言学文献丛书》之中。

经过一番整理和思考,我发现,多年的功能语言学研究竟然形成了一条主线,所发表的功能语言学论文都是围绕信息结构、主位结构和语篇功能这几个功能语言学核心领域展开的。这就促使我把本书定名为《信息结构·主位结构·语篇功能》。

本书包括"信息结构和英汉语对比"与"主位结构和语篇功能"两大部分。第一部分由 6 章组成,主要运用系统功能语言学中的信息结构理论和语用学中的语用预设概念探讨预设与焦点的关系、预设与强调的关系、语音聚焦手段和词汇聚焦手段在英汉语中标示焦点的异同,等等。第 1 章借鉴语用学中的语用预设和功能语言学中的信息结构理论,探讨了语用预设和信息焦点的关系。第 2 章整合语用学中的语用预设概念和功能语言学中的信息结构理论,以英语割裂句为对象,探讨了预设和焦点的关系。第 3 章把功能语言学的信息结构理论和认知语言学中的图形-背景关系理论结合起来,论述了英语呈现性 *there*-结构所体现出的信息状态及其认知理据。第 4 章聚焦于预设、调核和焦点三者之间所存在着的密不可分的内在联系,讨论了英汉语语音聚焦手段的异同。第 5 章和第 6 章以功能语言学中的信息结构理论为指导,对比研究了英汉语词汇聚焦手段和双宾句,揭示了英汉语在这两个方面的异同。

第二部分共 8 章,在功能语言学和认知语言学有关理论的指导下,主要探讨主位结构、语篇功能和认知理据。第 7 章简述了韩礼德和韩茹凯

1976 年提出的衔接理论。第 8 章运用主位结构和信息结构理论,讨论了英语存在句的主位划分、信息性和语篇功能等问题。第 9 章以语法隐喻理论为指导,从及物性结构和主位结构的相互关系入手,聚焦于英语处所主语小句的形成机制和主位特性。第 10 章运用马丁的评价理论,探讨了英语主位化评述结构及其评价功能。第 11 章从主位结构和信息状态的关系出发,以语用为视角,探讨了英语前置主位的信息状态和语篇功能。第 12 章从主位结构、信息结构和语篇建构的角度,讨论了英语句首空间附加语的语篇功能。第 13 章突破以往仅在句法平面内研究倒装句的局限,在语篇层面上探讨了英语倒装句的语篇功能。第 14 章把功能语言学和认知语言学中的相关理论有效地结合起来,讨论了英语方位倒装句的语篇功能及其认知理据。

　　书稿整理编排至此,不禁勾起对以往的些许回忆。屈指算来,已有将近 30 年的时光悄然流过。这些年来,我一直在努力,一直在功能语言学的领地里耕作,同时,也在语用学和认知语言学领地里劳作,虽无硕果,但自得其乐。

　　我对功能语言学的研习和兴趣始于 20 世纪 80 年代后期。1989 年,我购得了两部功能语言学著作,一部是韩礼德的 *An Introduction to Functional Grammar* 一书的影印版,另一部是胡壮麟、朱永生和张德禄合著的《系统功能语法概论》。这两部著作告诉了我功能语言学的理论取向、研究领域和学术价值及应用价值,把我引上了功能语言学研究之路。1995 年,我在导师张今先生的指导下,运用韩氏的功能语言学理论,尤其是他的信息结构理论完成了博士学位论文《英汉语聚焦手段对比研究》,并顺利通过了答辩,获得了博士学位。在随后的时间里,我一直以小句为基本研究对象,围绕小句的信息结构、主位结构和语篇功能等方面进行多维度探讨,并关注小句结构的变化所引起的信息结构的变化、主述位分布的变化和不同的语篇功能。

　　自 1995 年起,我参加了历届功能语言学研讨会。同时,我还参加了语用学界和认知语言学界举办的研讨会,这就帮助我了解了语用学理论和认知语言学理论,也与学术界前辈和同行建立了广泛的联系和友谊。有人说,无论哪种语言学理论,研究对象都是语言,所不同的是它们的理论取向和研究目标,是它们探究语言奥秘的视角。这就犹如盲人摸象一般,一种语言学理论摸到了语言这只大象的某一部分或某一方面,其他语言学理论则摸到了语言这只大象的其他部分或其他方面,大家都在为逼近语言这只大象的整体做出不懈的努力和有益的尝试。还有人说,现代语言学有形式主义(formalism)和功能主义(functionalism)两大语言学流派。后者可包括功能语言学、语用学、认知语言学以及话语分析、篇章语言学、会话分析等。本人对此深以为然,因为它们研究的都是实际使用中的语言。功能语言学,尤其是韩氏的系统功能语言学,探究的主要是语言的概念功能、人际功能和语篇功能;语用学探讨的是语言在使用过程中的意义;认知语言学提出的基于用法模式(usage-based model)显然也是以语言的用法为基础的。因此,这本小书不仅得益于功能语言学理论,而且得益于语用学理论和认知语言学理论。还有人说,从事语言学研究,不能把自己禁锢在某一个单一的理论之中,而要尽量了解掌握各种语言学理论,从而打下深厚广博的理论基础,使自己能够从多个角度去触摸语言这只大象,得出更加有价值的结论和发现。我认为,这种看法虽不 universal,但还真的确有道理。

在本书即将付梓之际,我要特别向中国英汉语比较研究会功能语言学专业委员会会长彭宣维教授和副会长于晖教授致以衷心的感谢,感谢两位教授为《系统功能语言学文献丛书》,尤其是为本书的出版所付出的心血和无私奉献。上海外语教育出版社襄助学术的远见卓识令人钦佩,李健儿副编审鼎力相助和精心编辑的敬业精神令人感动,在此谨致深深的敬意。同时,也非常感谢刊发本书所收论文的期刊及其编辑老师所付出的辛勤劳作。最后,还要感谢我的家人长期以来的理解与包容,关爱与支持,奉献和帮助。

张克定

2016 年 8 月 3 日初稿

2017 年 4 月 2 日修改

2020 年 3 月 6 日定稿

于河南大学

第一部分

信息结构和英汉语对比

PART ONE

INFORMATION STRUCTURE AND CONTRASTIVE STUDIES
IN ENGLISH AND CHINESE

1

语用预设与信息焦点 [*]

1.1 引　言

　　语用预设(pragmatic presupposition)是关于言语活动的预设(王维贤等 1989：150),是交际者对自己所说语句的预设。这种预设可以是交际双方所共知的。譬如,根据例[1]可以推断交际双方都知道如[1a]所示的预设。

　　[1] The table over there is large.

　　[1a] There is a table over there

　　语用预设也可以是说话人自己知道而听话人不知道,但听话人能够根据说话人的话语推断出来。譬如,在例[2]中,听话人可能通过后半部分推断出如[2a]所示的预设。

　　[2] I'm sorry I'm late, my car broke down.

　　[2a] The speaker has a car

　　语用预设与语境的关系十分密切,往往涉及交际者的身份、年龄、性

---

　*　本章原载《外语教学》1995 年第 2 期第 15—20 页,略有修改。

别、地位、相互关系等等。譬如,例［3］这一语句预设交际者生活在封建社会,说话人为女性,她在对君主说话等;例［4］这一语句预设听话人是位老人,正为某事烦恼;说话人是晚辈。

［3］臣妾不敢!
［4］您老人家放心。

语用预设与语句的信息焦点不无关系,语句信息焦点的变化往往意味着语用预设的不同。本章将以此为重点,对语用预设和信息焦点之间的关系做些初步的探讨。

在言语交际活动中,交际者往往把自己所要传递的信息组织成一个个信息单位。一个信息单位通常包含已知信息和新信息两部分。已知信息是交际者认为对方已经知道的信息;而新信息则是交际者认为对方还不知道的信息,所以,新信息是信息单位中必不可少的部分。

在一般情况下,新信息位于信息单位的后部,信息焦点则落在新信息部分中的最后一个实义词项(lexical item)上。例如:

［5］John bought a car.

在例［5］中,bought a car 为新信息部分,car 为信息焦点,是句子所传递的最重要的信息。信息焦点位于信息单位中的最后一个实义词项上是信息焦点的正常位置,故可称为无标记信息焦点(unmarked information focus)。但是,任何事情都不是一成不变的。信息焦点有时也会出现位移,而落在信息单位中的其他词项上,从而形成有标记信息焦点(marked information focus)。如在上例中,如果调核落在 John 上,John 则成为有标记信息焦点,表示是 John 而不是别人购买了一部车。

1.2　调核与预设和焦点

如前所述,信息焦点的变化意味着语用预设的改变。在语言中,有些句子结构,有些词语甚至语调(本章只涉及调核)都具有某种聚焦作用,可以显示信息焦点在语句中的位置,从而表明预设的不同。

在口头言语交际中,调核在语句中的位置就是信息焦点的所在。但是,调核在语句中的位置是受语用预设制约的,调核是随着语用预设的变化而变化的。譬如,在例[6]中,调核通常落在 car 上,属无标记信息焦点,因此,例[6]是以[6a]为预设的,表明说话人要告诉听话人 John 昨天擦洗的是什么东西。

[6] John washed the car yesterday.

[6a] John washed *something* yesterday

如果调核发生位移,落在 John 上,则构成有标记信息焦点,此时,例[6]是以[6b]为预设的,说话人告诉听话人是 John 而不是别的什么人昨天擦洗了汽车。

[6b] *Someone* washed the car yesterday

如果调核落在 washed 一词上,也构成有标记信息焦点,例[6]则是以[6c]为预设的,说话人要传递的信息是 John 昨天是擦洗了汽车而不是修理了汽车。

[6c] John *did something to* the car yesterday

英国语言学家肯普森(Ruth Kempson)曾在其 *Presupposition and the Delimitation of Semantics* 一书中举过这样一组例子:

[7a] "John seduced Mary.(符号""表示调核所在的位置。下同。)

[7b] John se"duced Mary.

[7c] John seduced "Mary.

例[7a]的信息焦点是 John,预设是交际双方都知道有人勾引了 Mary,但听话人不知道是谁。于是说话人便以 John 为有标记信息焦点,告诉听话人干此事的是 John。例[7b]的调核落在 seduced 上,预设是交际双方均知道 John 和 Mary 之间有某种关系,但听话人不清楚到底是何种关系。于是,说话人便以 seduced 作为有标记信息焦点,告诉听话人 John 和 Mary 之间发生的事情。例[7c]的调核落在 Mary 上,属无标记信息焦点;其预设是交际双方都知道 John 勾引了某一个人。说话人以 Mary 为信息焦点,告诉听话人 John 勾引的是 Mary。

　　同英语一样,汉语也有这种现象。在例[8]中,如果重读"小张",则构成有标记信息焦点,例[8]则以[8a]为预设,表明说话人以"小张"为信息焦点,告诉听话人打小李的是小张而不是别人;如果重读"小李",则构成无标记信息焦点,例[8]的预设是[8b],表明说话人以"小李"为信息焦点,告诉听话人小张打的人是小李;如果重读"打",则构成有标记信息焦点,例[8]的预设是[8c],说话人以"打"为信息焦点,告诉听话人小张是打了小李而不是对小李干了别的事情。

　　[8] 小张打了小李。
　　[8a] 某人打了小李
　　[8b] 小张打了某人
　　[8c] 小张和小李之间发生了某事

　　例[6]—[8]表明,在口头言语交际活动中,调核在传递信息方面有着举足轻重的作用。调核的位置就是信息焦点的位置,调核的位移变化是根据不同的预设而变化的。

1.3　聚焦副词与预设和焦点

　　英语中有一类聚焦副词(focusing adverb),如 only、even、also 等,具有标明语句信息焦点的作用。这类副词在语句中的位置比较灵活,即使在同一语句中,也可以出现在不同的位置上,从而引起信息焦点的变化。实际上,这类聚焦副词在语句中的位置也是受语用预设支配的。首先以 only 为例:

　　[9a] Tom *only* bought beer in the supermarket.
　　[9b] Tom bought *only* beer in the supermarket.
　　[9c] Tom bought beer *only* in the supermarket.
　　[9d] *Only* Tom bought beer in the supermarket.

例[9a]的信息焦点是 bought,其预设为[9a'],说话人告诉听话人
Tom 在超级市场只是买了而不是喝了啤酒。例[9b]的信息焦点是 beer,
其预设是[9b'],说话人以 beer 为信息焦点,告诉听话人,Tom 在超级市场
买的只是啤酒,而不是别的东西。例[9c]是以"in the supermarket"为信息
焦点,以[9c']为预设。在例[9c]中,说话人要告诉听话人 Tom 是在超级
市场而不是在别的市场买了啤酒。由于 only 的位置,Tom 成了例[9d]的
信息焦点,例[9d]是以[9d']为预设的。说话人以 Tom 为信息焦点,告诉
听话人在超级市场买啤酒的是 Tom 而不是别人。

[9a'] Tom *did something* in the supermarket

[9b'] Tom bought *something* in the supermarket

[9c'] Tom bought beer *in a certain market*

[9d'] *Someone* bought beer in the supermarket

再以 even 为例,even 表示"增加"之意。在例[10a]中,信息焦点落在
translated 上,例[10a]的预设是[10a']。在例[10a]中,说话人要说明的
是,Dr Hill 除了朗诵这首诗之外,还把它译了出来。例[10b]的信息焦点
是 the poem,其预设为[10b'],说话人以 the poem 为信息焦点,告诉听话
人 Dr Hill 除翻译了别的东西之外,还翻译了这首诗。在例[10c]中,信息
焦点是 Dr Hill,其预设是[10c'],说话人要传达的是,除了别人之外,Dr
Hill 也译了这首诗。

[10a] Dr Hill *even* translated the poem.

[10b] Dr Hill translated *even* the poem.

[10c] *Even* Dr Hill translated the poem.

[10a'] Dr Hill *did something else* to the poem

[10b'] Dr Hill translated *something else*

[10c'] *Someone else* translated the poem

汉语中有些词也具有聚焦作用,可以出现在语句中的不同位置上,信
息焦点则依其在句中的位置而定。信息焦点的变化也同样是随着语用预
设的变化而变化的。例如:

[11a] 老王连这件事都知道。

[11b] 连老王都知道这件事。

根据"连"字在句中的位置,例[11a]的信息焦点是"这件事",而例[11b]的信息焦点则是"老王",都是有标记信息焦点。因此,例[11a]的预设是[11a′],说话人要告诉听话人,老王除知道别的事之外,还知道这件事。例[11b]是以[11b′]为预设的,在例[11b]中,说话人以"老王"为信息焦点来说明除别人外,还有老王知道这件事。

[11a′] 老王知道某件事

[11b′] 某人知道这件事

1.4　强调句型与预设和焦点

除上述语音手段和词汇手段外,人们在言语交际中还可以根据不同的语用预设,利用句法手段来达到突出信息焦点的目的,如英语中的割裂句(cleft sentence),汉语中的"是……的"式和"……的是……"式。英语中的割裂句分为两种:it 型割裂句(*it*-type cleft sentence)和 wh-型割裂句(*wh*-type cleft sentence)。前者的结构形式为"it + be +… + that +…",后者的结构形式为"what +… + be +…",同时,信息焦点在这两种割裂句中的位置也是不同的。在 it 型割裂句中,信息焦点位于前部,即位于"it + be"之后,"that +…"之前;在 wh-型割裂句中,信息焦点位于句末,即 be之后。首先以 it 型割裂句为例,例[12]可以根据所要突出的信息焦点而变换为下面四个 it 型割裂句。

[12] Mr Turnbull gave George this ticket on Saturday.

[12a] *It* was Mr Turnbull *who* gave George this ticket on Saturday.

[12b] *It* wag George *that* Mr Turnbull gave this ticket to on Saturday.

[12c] *It* was this ticket *that* Mr Turnbull gave to George on Saturday.

[12d] *It* was on Saturday *that* Mr Turnbull gave George this ticket.

在例[12a]中,信息焦点是 Mr Turnbull,预设是[12a′],说话人以 MrTurnbull 为信息焦点,告诉听话人是 Mr Turnbull 而不是别人在星期六给了 George 这张票。例[12b]的信息焦点是 George,其预设为[12b′],因此,在例[12b]中,说话人要传递的信息是,Mr Turnbull 在星期六把这张票给了 George,而不是给了别人。例[12c]以 this ticket 为信息焦点,其预设是[12c′],所以,在例[12c]中,说话人告诉听话人 Mr Turnbull 在星期六给 George 的是这张票而不是别的东西。例[12d]是以[12d′]为预设的,说话人在例[12d]中突出的是"on Saturday",说明 Mr Turnbull 是在星期六而不是在其他哪一天把这张票给了 George。

[12a′] *Someone* gave George this ticket on Saturday

[12b′] Mr Turnbull gave *someone* this ticket on Saturday

[12c′] Mr Turnbull gave *something* to George on Saturday

[12d′] Mr Turnbull gave George this ticket *on some day*

从上例可以看出,it 型割裂句不能以谓语部分为信息焦点。但是,wh-型割裂句可以将谓语部分置于句末,使其成为信息焦点。例[13]就可以变换为例[13a]这一割裂句。显然,例[13a]的信息焦点是"spoil the whole thing",且是以[13a′]为预设的。因此,在例[13a]中,交际双方都知道 Carol 干了某种事情,说话人告诉听话人,Carol 所干的事是把整个事情都弄糟了。

[13] Carol has spoilt the whole thing.

[13a] *What* Carol has done *is* spoil the whole thing.

[13a′] Carol has *done something*

wh-型割裂句也可将句子的其他部分置于句末,使其成为信息焦点而加以突出。例[14]就可以变换为[14a]。例[14a]的信息焦点是"his wallet",其预设是[14a′]。在例[14a]中,交际双方都知道 John 丢了东西,但听话人并不知道所丢何物,说话人要告诉听话人,John 所丢之物为钱包。

[14] John lost his wallet.

[14a] *What* John lost *was* his wallet.

[14a′] John lost *something*

在汉语中的"是……的"式和"……的是……"式强调结构中,信息焦点总是紧跟在"是"字之后的部分(参见张今、陈云清 1981:29)。因此,例[15]

可以根据不同的预设而变换为如例[15a]—[15e]所示的五个强调句。

[15] 我去年在北京碰见了王大夫。

[15a] 去年在北京碰见王大夫的是我。

[15b] 我去年在北京碰见的是王大夫。

[15c] 我去年是在北京碰见王大夫的。

[15d] 我是去年在北京碰见王大夫的。

[15e] 我去年在北京见到王大夫是碰见的。

从例[15a]到例[15e]，信息焦点均为"是"字后面的成分。在例[15a]中，信息焦点是"我"，预设是[15a′]，说话人要告诉听话人，是"我"而不是别人去年在北京碰见了王大夫。例[15b]的信息焦点是"王大夫"，因而其预设是[15b′]，说话人在例[15b]中以"王大夫"为信息焦点，所传递的信息是，"我"去年在北京碰见的人是王大夫而非别人。例[15c]突出的信息焦点是"在北京"，其预设为[15c′]，例[15c]说的是"我"去年是在北京而不是在别处碰见了王大夫。在例[15d]中信息焦点是"去年"，其预设是[15d′]，说话人在例[15d]中告诉听话人，"我"是在去年而不是在别的年份在北京碰见了王大夫。最后，例[15e]的信息焦点是"碰见"，其预设是[15e′]，说话人用例[15e]传递的信息是，"我"去年在北京见到王大夫纯属偶然，而非事前有约而见到的。

[15a′] 某人去年在北京碰见了王大夫

[15b′] 我去年在北京碰见了某人

[15c′] 我去年在某地碰见了王大夫

[15d′] 我在某年在北京碰见了王大夫

[15e′] 我去年在北京见到了王大夫

1.5 结　语

上述分析表明，在言语活动中，交际者可以采用不同的方式来传递所要表达的重要信息。然而,无论采取何种方式来突出信息焦点,交际者心目中总有着某种语用预设,交际者也总是根据语用预设来安排表达信息焦点的方式。因此,信息焦点与语用预设有着十分密切的联系。语用预设决定着信息焦点的选择,决定着信息焦点在语句中的位置。也就是说,信息焦点是随着语用预设的变化而变化的。

2

预设与英语割裂句的
强调功能[*]

2.1 引　言

徐盛桓在《外语学刊》1993 年第 1 期上发表了《"预设"新论》一文。在该文的末尾,徐盛桓提出,可以"利用预设作为研究某些副词的手段"。"从这一新角度来研究这种语言现象,会提供我们以新的切入口,得出一些新发现"(徐盛桓 1993:8)。徐盛桓是这样说的,也是这样做的。他先后发表了《论表"添加"义的 TOO》(1994a)和《论表"添加"义的 EVEN》(1996c)。这两篇论文是他以预设为切入口,进行语言研究的具体成果,并且确实得出了一些新发现。笔者读后,深受启发,认为我们不仅可以利用预设来研究某些词语,而且可以从预设这一新的角度,研究一些句法问题,如英语中的割裂句,汉语中的"是……的"结构,法语中的"C'est … que …"句型等。因此,本章拟从预设这一角度,对英语割裂句做一些尝试性的探讨。

---

[*]　本章原载《外语与外语教学》1997 年第 4 期第 26—30 页,略有修改。

2.2　有关割裂句的研究

在言语交际活动中,人们可以采用各种各样的方法来突出所要表达的重要信息。英语中的割裂句便是其中之一。对于割裂句的研究,成果不少,很多语法论著对此都有论述。而语法学界比较一致的看法是:割裂句是一种强调句型,其结构形式为"It + be + … + that/who + …",位于"it + be"和"that/who + …"之间的部分是要加以强调的新信息部分,即信息焦点(information focus)(Quirk, et al. 1985:1385;章振邦主编 1989:837;Delahunty 1984:64-65;Jackendoff 1972:229-234)。夸克(Randolph Quirk)等学者认为,割裂句使用起来既方便又灵活,可以用来突出主语、直接宾语、间接宾语、状语、宾语补语、主语补语等句子成分,使其成为信息焦点(Quirk, et al. 1985)。请看他们所举的例证:

[1] It was *John* who/that wore a white suit at the dance last night.

[2] It was *a white suit* that John wore at the dance last night.

[3] It was *last night* that John wore a white suit at the dance.

[4] It was *at the dance* that John wore a white suit last night.

[5] It's *to me* that he gave the book.

[6] It's *dark green* that we've painted the kitchen.

[7] It was *a doctor* that he eventually became.

以上各例中的斜体部分为信息焦点。这是根据哪些句子成分可以用于这一句型,从而达到强调之目的来分析论述割裂句的。笔者据此将其总结为如图 2-1 所示的语法结构,并说明前三种句子成分易于用割裂句来加以突出,而后三种句子成分在用割裂句进行强调时,往往要受到一定的限制。在图 2-1 中,S = subject;Od = direct object;A = adverbial;Oi = indirect object;Co = object complement;Cs = subject complement(详见张克定 1995:63-64)。

$$\text{It} + \text{be} + \begin{bmatrix} \text{S} \\ \text{Od} \\ \text{A} \\ \text{Oi} \\ \text{Co} \\ \text{Cs} \end{bmatrix} + \text{that/who} + \ldots$$

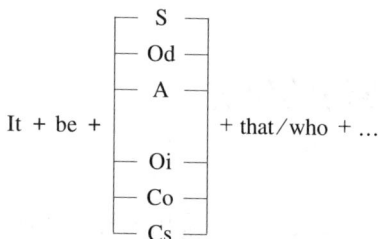

图 2 - 1 割裂句的语法结构

德拉亨蒂(Gerald P. Delahunty)则从生成语法的角度,将可以用割裂句进行强调的句子成分按其结构特点区分为名词短语(NP)、介词短语(PP)、形容词短语(AP)、副词短语(ADVP)等(Delahunty 1984:74-88)。其实,德拉亨蒂的这种分析方法与夸克等的分析方法基本上是一致的,只是名称不同而已。比如,可以用割裂句进行强调的名词短语实际上可以是主语、直接宾语、间接宾语、宾语补语、主语补语等。例如:

[8] It was *Alex Greene* who directed "The Miscreant".

[9] It was *a koala bear* that we photographed at the zoo.

[10] It was *Bill* that I gave the book to.

[11] It was *a liar* that she called Kissinger.

[12] It was *a doctor* that he eventually became.

徐盛桓(1987b)对割裂句的研究则更进一步。他提出了"割裂结构体"(cleft-syntagma)的假说。根据这一假说,一个割裂句由两个部分组成:"提示"(cue,以 C 表示)和"割裂结构体"(以 CS 表示)。"提示"由 it + be 组成,"割裂结构体"由"割裂成分 1"(CE_1)加"功能词"(FW)加"割裂成分 2"(CE_2)构成(参见徐盛桓 1987b)。例如:

[13] It was　　John　　who　　was always late.

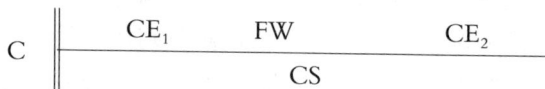

C　| CE_1　FW　CE_2
　　|　　　　CS

其中 C 起提示即将出现的 CS 的作用,在 CS 内,CE_1 和 CE_2 是主要部分,FW 只起保证句子语法合格性的作用。相比较而言,在一般情况下,CE_1 的语义重要性要大于 CE_2,是 CS 的中心部分(徐盛桓 1987b:1-2),即我们上文所说的信息焦点。据此,我们可以将图 2-1 修改为图 2-2。

It + be	+	S Od A Oi Co Cs	+	that/who	+ ...
C		CE_1		FW	CE_2
C		CS			

图 2 - 2　割裂句结构体

图 2 - 2 表明,能够充当 CE_1 的通常为 S、Od、A、Oi、Co 或 Cs。这正符合徐盛桓(1987b)的有关论述。他指出,CE_1 之所以是 CS 的中心成分,是因为 CE_1 具有以下两个重要特点:(1)"具有语义的相对完整性";(2)"具有语义的相对重要性"(详见徐盛桓 1987b:2 - 5)。根据笔者的理解,"具有语义的相对完整性",具体说来,就是要求能够在割裂句内用作 CE_1 的应为完整的句子成分,否则,句子就不能成立。那也就是说,某一句子成分的一部分是不能用作 CE_1 的。所以,上举例[1]—[7]和[8]—[13]都是合乎语法的句子,而以下[14]、[15]两例(徐盛桓 1987b:2)则是不合乎语法的,是不能成立的句子。

[14]　*It was *very* that John ran quickly.(句首上标符号"*"表示"不可接受",下同。)

[15]　*It was *two* that John saw big house.

这两个例子之所以不能成立是因为用作 CE_1 的分别只是状语和宾语的一部分,不是完整的句子成分,没有语义的相对完整性,更谈不上语义的相对重要性。因此,我们可以认为,CE_1 的这两个重要特点,第一个特点是基本的,是首要的,CE_1 只有在具备了第一个特点的基础上,才可能具备第二个特点,即 CE_1 只有具有了语义的相对完整性,才能具有语义的相对重要性。

黄国文(1996)认为,传统上所说的割裂句,是用一个"零位 it"(empty *it*)带出一个强势主位(enhanced Theme);英语中的这种句型可分为"对比型"和"非对比型"两种。黄国文的研究以系统功能语法中的"加的夫语法模型"(Cardiff Grammar)为理论框架,从句法-功能的视角,分析了对比型和非对比型的信息结构(前者有一种基本结构和三种变体,后者有两种基本结构和两种变体),指出前者的强势主位应为对比性新信息,后者的强势主位可能是新信息,也可能是给定信息,that/who 之后的部分(即本文所说的 CE_2,黄国文称为"镶嵌从句")均应是新的信息(包括对比性新信息)。这同徐盛桓(1987b)关于 CE_1 和 CE_2 在不同语境下分别都有可能是新信息、新+已知信息或已知信息的观点是相近的。

2.3 割裂句的强调与预设的关系

我们在上一节谈到,能够用作割裂结构体内的"割裂成分1"(CE_1)的句子成分,一般来讲,就是要加以强调的部分,就是所要表达的信息焦点。实际上,语句的信息焦点和预设(presupposition)有着密切的关系。杰肯道夫(Ray Jackendoff)认为,"一个语句的预设表示的是说话人认为他和听话人在该语句中所共有的信息",而"一个语句的(信息)中心表示的则是说话人认为他和听话人在该语句中所非共有的信息"(Jackendoff 1972:230)。这说明,"语句的预设是这个语句中双方共同接受的东西,是一些已知信息"(陈宗明主编 1993:373)。人们的言语交际,不能没有预设,也不能没有新信息。如果没有预设,没有双方共同拥有的已知信息,那么,谈话将无从说起,即使说了,对方也不知所云;但是,如果没有新信息,那么,谈话就是多余的和无意义的(陈宗明主编 1993:374)。

预设往往可以从语句中的某些词语或语句的结构本身得到提示,如英语中的 too、even、割裂句等,汉语中的"也""又""是……的"结构等。在有关论著中,这些词语和句型被称作"预设触发语"(presupposition-trigger)(Levinson 1983;石安石 1993)。例如:

[16] John played cards yesterday, and he played football yesterday <u>too</u> > John played something yesterday(符号">"表示"其预设为",下同。)

[17] 你又迟到了>你原先迟到过

莱文森(Stephen C. Levinson)在其语用学专著 *Pragmatics* 一书中将割裂句列为预设触发语之一种(Levinson 1983：182-183)。例如：

[18] It wasn't Henry that kissed Rosie>someone kissed Rosie

不难看出，在[18]中，预设"someone kissed Rosie"是交际双方共有的已知信息，而 Henry 则是说话人要加以突出强调的新信息，即信息焦点。因此，在割裂结构体内，一般来讲，"割裂成分2"(CE_2)往往是预设，"割裂成分1"(CE_1)则为信息焦点。那么，如果将割裂句的结构形式、割裂结构体同预设和信息焦点一一对应起来，图2-2则可再修改为图2-3：

It + be	+	S Od A Oi Co Cs	+	that/who	+...
C		CE_1		FW	CE_2
		CS			
		FOCUS		PRESUPPOSITION	

图2-3　割裂句结构体和预设及焦点的关系

然而，在割裂句中，用哪一个句子成分作为"割裂成分1"来充当信息焦点呢？这就要根据语句的预设来确定，因为在言语交际活动中，说话人心目中总有着某种预设，说话人也总是根据预设来决定所要表达的信息焦点，即预设决定着信息焦点的选择。如果预设发生变化，信息焦点则随之变化，仍以[1]—[4]为例。夸克等学者说，例[1]—[4]均来自[19]。

[19] John wore a white suit at the dance last night.

这是因为预设发生了变化。或者说，例[1]—[4]的预设是不同的，可分别粗略地表示为[1′]—[4′]。

[1′] *Someone* wore a white suit at the dance last night

[2′] John wore *something* at the dance last night

[3′] John wore a white suit at the dance *at a certain time*

[4′] John wore a white suit *at a certain place* last night

应当注意的是,割裂句这一预设触发语所表示的预设与信息焦点的关系只是最一般的模式,不能将其绝对化。在割裂结构体内,"割裂成分1"和"割裂成分2"到底哪一个是预设,哪一个是信息焦点,还要根据语境而定。同一个割裂句如果用于不同的语境,其预设和信息焦点可能会发生变化。例如:

[20] It is his callousness that I shall ignore.

若将例[20]用于[21]这一语境中,其预设为"I shall ignore something",而"割裂成分1"his callousness 则为信息焦点。

[21] A: You should ignore his dishonesty.

B: No, it is his "callousness that I shall ignore.

若将例[20]用于[22]这一语境中,其预设为 I shall do something to his callousness,而"割裂成分2"中的 ignore 则为信息焦点,但是,预设决定着信息焦点的选择这一点是不变的。

[22] A: You should criticize his callousness.

B: No, it is his callousness that I shall ig"nore.

2.4 余 论

徐盛桓(1987b)不仅提出了割裂结构体的假说,而且还分析了割裂句的语用功能。他认为,割裂句是通过增大句子处理过程的复杂性,加大句子结构的变异性,造成有标记成分,产生有标记的话语中心,为一定的语用目的和语义意图服务。他认为,割裂句有四种语用功能:(1)便于语义中心的安排;(2)有助于按语义意图改变句子结构;(3)有助于表现语义中心的不同显著程度;(4)有助于合理分布语义重点(详见徐盛桓 1987b:

5－9)。笔者在研究中发现,割裂句除了具有上述语用功能外,还可以用来排除某些语句的歧义。比如,割裂句可以消除由于否定范围不清楚而造成的歧义。在例[23]中,

[23] I didn't leave home because I was afraid of my father.

否定范围既可从 not 开始一直延伸到句末,从而否定由 because 引导的分句,也可以始于 not 止于 home,而否定 leave home。如果据此将例[23]分别改为句[23a]和[23b]两个割裂句,歧义则不复存在。

[23a] It was not because I was afraid of my father that I left home.

[23b] It was because I was afraid of my father that I didn't leave home.

某些介词短语有时在同一个语句中既可以作状语,也可以作名词短语的后置修饰语而成为名词短语的一部分,从而导致歧义。在例[24]中,

[24] Maxwell killed the judge with a hammer.

介词短语"with a hammer"既可以是状语,也可以是 the judge 的后置修饰语,从而造成歧义。如果把例[24]改作相应的割裂句,如句[24a]—[24b]所示,歧义便可自然消失。

[24a] It was with a hammer that Maxwell killed the judge.

[24b] It was the judge with a hammer that Maxwell killed.

3

英语呈现性 *there*-结构的
信息状态与认知理据 [*]

3.1 呈现性 *there*-结构的界定

在英语语法研究中,学者们一般都把由 *there* 引导的句式结构笼统地叫作存在句(existential sentence)或 *there*-结构(*there*-construction),如夸克等、汉内、拉姆斯登、辛克莱、赫德尔斯顿、麦克纳利、比伯、章振邦、张克礼等。这些学者都比较集中而系统地讨论了 *there* + *be* 结构(Quirk et al. 1985;Hanney 1985;Lumsden 1988;Sinclair 1990;Huddleston 1995;McNally 1997;Biber et al. 1999;章振邦 1997;张克礼 2001)。当然,有些学者(如汉内、拉姆斯登等)在其研究中也指出,there + 其他动词的结构具有呈现功能(presentative function),但只是对其进行了一些附带的说明。拉姆斯登根据 *there* 结构中所用的动词将所谓的存在句(existential sentence, ES)区分为 *be* ES 和 Verbal ES。前者如例[1];后者又进一步区分为 IV ES 和 OV ES,其中 IV ES 是指句中的名词性成分 NP 出现在动词性单位之内(inside the verbal unit),如例[2];OV ES 是指句中的名词性

*   本章原载《四川外语学院学报》2008 年第 1 期第 44—49 页,略有修改。

成分 NP 出现在动词性单位之外(outside the verbal unit),并由介词短语将其与动词分开,如例[3]。拉姆斯登将这一划分表述为图 3 - 1:

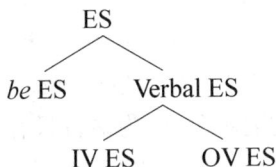

```
              ES
           ╱      ╲
        be ES    Verbal ES
                  ╱      ╲
               IV ES    OV ES
```

图 3 - 1　英语存现句的分类(Lumsden 1988: 3)

[1] There *was* a furniture van in the drive.

[2] There *appeared* an angry crowd.

[3] There *dwelt* in that house an old man.

夸克等认为,"含有非 be 动词的存在句"(existential sentences with verbs other than *be*)与 SVA 句型具有对应(correspondence)关系,并将其总结为如图 3 - 2 所示的几种形式(Quirk, et al. 1985: 1408),分别如例[4]—[6]所示。

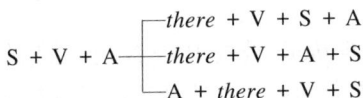

$$
S + V + A
\begin{cases}
there + V + S + A \\
there + V + A + S \\
A + there + V + S
\end{cases}
$$

图 3 - 2　SVA 句型与存在句的对应关系

[4] There sprang up a wild gale that night.

[5] There sprang up that night a wild gale.

[6] That night there sprang up a wild gale.

无论是拉姆斯登(1988)的划分,还是夸克等(1985)的总结,实际上都是基于语序的形式划分。

而伯纳和沃德(Birner & Ward 1998)与赫德尔斯顿和普拉姆(Huddleston & Pullum 2002)则根据该句式结构所体现出的不同性质,将由 *there* 引导的句式区分为存在性 *there*-结构(existential *there*-construction)和呈现性 *there*-结构(presentational *there*-construction)两大类。存在性 *there*-结构中的谓语动词一般为动词 be,说明"某物/某人存在于某处";而呈现性 *there*-结构中的谓语动词则是表示"出现"(appearance/emergence)

的动词,说明"某物/某人/某事出现于某处"。他们还指出,两者由于其(谓语)动词后名词性短语(postverbal NP,简写为 PVNP)之信息状态(information status)方面的差异而在功能和语用上有着明显的差异(Birner & Ward 1998：97‒99；Huddleston & Pullum 2002：1390‒1403)。可以认为,伯纳和沃德(1998)与赫德尔斯顿和普拉姆(2002)的观点弥补了从纯语序角度进行分类之不足,因为语言只有在使用中存在,语言结构也只有在使用中存在,而且,不同的语言结构在使用中的存在是建立在各自的功能基础之上的。本章将从信息结构(information structure)的角度,在话语/语篇的层面上探讨英语呈现性 *there*-结构中 PVNP 的信息状态,进而参照认知语言学的有关理论讨论其认知理据。

3.2　呈现性 *there*-结构的性质及特点

在讨论英语呈现性 *there*-结构中 PVNP 的信息状态之前,有必要先说明英语 *there*-结构的性质和可用于该结构的动词问题。

第一,据语言学家们的观察,许多语言都显示出把已知信息(given information)置于新信息(new information)之前的倾向(Birner & Ward 1998：9)。普林斯(Prince)认为,"句法结构的一种协同作用"是防止表示不熟悉的信息的名词性短语占据主语的位置(Prince 1981：247)。霍恩(Horn 1986)认为,一般来讲,左向移位(leftward movement)用于将主位或熟悉(thematic or familiar)的信息前置,而右向移位(rightward movement)用于将非主位或不熟悉(nonthematic or unfamiliar)的信息后置。这说明,前置(preposing)和后置(postposing)实际上是调整话语信息的语用重组手段(pragmatic reordering device)。伯纳和沃德(1998：5)认为,存在性 *there*-结构和呈现性 *there*-结构属于后置现象。在存在性 *there*-结构和呈现性 *there*-结构中,逻辑主语被后置后,其典型的主语位置由填充词(expletive)*there* 占据。这样,存在性 *there*-结构和呈现性 *there*-结构应属于非基本句式(noncanonical clause),而与相应的基本句式(canonical clause)存在着一定的对应关系。例如:

[7a] Two doctors were on the plane.

[7b] *There* were *two doctors* on the plane.

[8a] Suddenly the man we had seen at the picnic ran out of the woods.

[8b] Suddenly *there* ran out of the woods *the man we had seen at the picnic*.

但有两点应当注意,一是由于句法或语用的原因,某些与存在性 *there*-结构和呈现性 *there*-结构相对应的基本句式是不可接受的,如[9b]。二是由于量词辖域(scope of quantifiers)和否定辖域(scope of negation)的影响,存在性 *there*-结构和呈现性 *there*-结构与相对应的基本句式结构具有不同的真值条件(如例[10a]—[10b])(Huddleston & Pullum 2002: 1365-1366)。

[9a] There was an accident at the factory.

[9b] *An accident was at the factory.

[10a] There weren't many MPs in the House.

[10b] Many MPs weren't in the house.

例[9a]是可以接受的句子,而例[9b]是不可接受的句子。例[10a]和例[10b]的区别在于,前者中的表示数量的形容词"many"在否定辖域之内,其意义为"the number of MPs present at the House is not large",后者中的否定词"not"在表示数量的形容词"many"的辖域之内,表示的是"a large number of MPs were absent from the House"之义。

第二,可用于呈现性 *there*-结构的动词是那些具有"存在""发生""出现""坐落"或"处于某一特定状态或姿势(stance)"等意义的动词或动词词组,如 appear、approach、arise、arrive、begin、blossom、burst out、come、crouch、develop、drift、dwell、emerge、ensue、enter、exist、fall、flash、float、flow、fly、follow、glimmer、go、grow、hang、happen、hide、jump、land、lie、live、loom、lurch、occur、pass、persist、pop、prevail、race、remain、return、rise、run、rush、settle、shine、shoot、sit、spring up、sprout、stagger、stand、stay、swim、take place、walk、wave 等等(参见 Huddleston & Pullum 2002: 1402;张今 1997: 174)。需要说明的是,这里所列的动词和动词词组仅仅是举例性的,而非穷尽性的。根据学者们的研究,我们将可用于呈现性 *there*-结构的动词和动词词组分为以下三类:(1)移动动词(verbs of motion),如 arrive、enter、pass、come 等;(2)始发动词(verbs of inception），如 begin、emerge、spring up 等；（3） 姿势动词（verbs of stance），如 live、remain、stand、lie 等。

第三,作为英语中的一种非基本结构,呈现性 *there*-结构为说话人提供了一种有效的语用重组手段。借助该语用重组手段,说话人可以根据言语交际的需要,对所要传递的信息进行调整和编排,从而有效地实现交际目的。呈现性 *there*-结构属于一种后置现象,可抽象概括为[11]（参见 Abbott 1993）：

[11] There + V + NP + (XP)

其中,*there* 为填充词,其作用主要是结构性的,用以引出说话人要传递的信息内容,但其本身并不传递具体信息。V 为表"呈现"的移动动词、始发动词和姿势动词等,在该结构中充当谓语,主要表示其后的 NP 是如何呈现的或以何种姿势呈现于某一时空范围的。NP 为动词后名词性短语（PVNP）,是该结构中的主要信息。XP 是表示时间或空间范围的短语,说明 PVNP 所呈现的时空范围。括号表示在一定的语境中,XP 可以出现也可以不出现。也就是说,there、V、NP 在呈现性 *there*-结构中是必备（obligatory）成分,而 XP 则为任选（optional）成分。但是,XP 这一任选成分绝非可有可无,其使用与否必须根据语境来确定。例如：

[12] There appeared (V) a crowd of demonstrators (NP) from behind the building (XP).

[13] Daniel told me that shortly after Grumman arrived at Wideview Chalet *there arrived* (V) *also a man named Sleeman* (NP).

在例[12]中,表示时空范围的 XP 必须使用;而在例[13]这一语境中,该呈现性 *there*-结构中的 XP 则不必使用。

3.3　呈现性 *there*-结构中 PVNP 的信息状态

从信息结构的角度来看,呈现性 *there*-结构中的 PVNP 所传递的信息可呈现出不同的状态。也就是说,该结构中的 PVNP 既可以传递新信息,也可以传递已知信息。一般来讲,新信息是说话人(addressor/speaker)认为听话人(addressee/hearer)所不知道的信息,是说话人想要传递给听话人的信息;已知信息为说话人认为听话人已经知道的信息,包括具体出现于语境中的信息、语篇上文已经提到的信息以及可以联想到的相关信息等(参见 Chafe 1976;Brown & Yule 1983:154;张今、张克定 1998:7)。

英语呈现性 *there*-结构中的 PVNP 所传递的信息,从话语/语篇的角度来看,均应为话语新(discourse-new)信息;从听话人的角度来看,可以是听者新(hearer-new)信息,也可以是听者旧(hearer-old)信息。但是,英语呈现性 *there*-结构中的 PVNP 的信息状态必须把这两个角度结合起来进行考察,因为言语交际必须传递一定的新信息,否则就失去了交际的意义。也就是说,言语交际中所传递的信息必须具有新信息性(newness),否则就失去了说出某一话语的必要性。因此,可以认为,在言语交际过程中,说话人不仅要考虑自己所要传递的信息内容,按照信息编码的原则,通过一定的信息编排手段(information-packaging devices)把信息传递给听话人,而且还要考虑听话人和话语/语篇信息建构(information-structuring in discourse)的问题。只有这样,才能保证言语交际的顺利进行。下面我们就从听话人和话语/语篇这两个角度具体探讨英语呈现性 *there*-结构中 PVNP 的信息状态。

3.3.1 PVNP 为话语新+听者新信息

从听话人和话语/语篇两个角度来看,英语呈现性 *there*-结构中的 PVNP 在绝大多数情况下所传递的信息既是听者新信息,也是话语新信息(Birner & Ward 1998:107)。例如:

[14] Then remembering what Quan had told her, and before her confidence failed, Molly crossed the alley to a store with a front window display painted red and gold. They held jars of powders, dried plants, moldy, brown colored eggs, and what looked like parts of animals. Farther inside, there were rows and rows of small,

wooden dresser drawers. She stepped in the door, and *there behind the counter, stood a well-dressed, business-like, middle-aged Chinese man.*

"Excuse me please, is this the medicine shop?" she began. "Are you the doctor?"

"Yes, I am," the man replied in good English. "Who do you ask?"

"You are the Guardian, too, aren't you?" asked Molly.

"Yes again, that I am. Who do you ask?" he repeated.

[15] *In Xanadu there lived a prince of the blood.* Near him lived a beautiful princess whose name was Divinapreciosa.

例[14]和[15]中的斜体部分为两个呈现性 *there*-结构,其中的 PVNP 分别为"a well-dressed, business-like, middle-aged Chinese man"和"a prince of the blood",对于听话人来说,这两个 PVNP 均为说话人要传递给他的新信息;从话语和语篇的角度来看,这两个 PVNP 也是上文中没有出现的信息,因而也是说话人要传递出的新信息。所以,在例[14]和[15]这两个话语/语篇中,两个呈现性 *there*-结构中的 PVNP 均为**听者新＋话语新信息**。

3.3.2　PVNP 为话语新+听者旧信息

然而,在不少情况下,英语呈现性 *there*-结构中的 PVNP 传递的信息,对于听话人来讲,也可以是听话人已经知道的或者是已经存在于听话人意识中的信息,但从话语和语篇的角度来看,则是话语新信息。例如:

[16] *There only lacked the moon*: but a growing pallor in the sky suggested the moon might soon be coming.

[17] Famous men came — engineers, scientists, Industrialists; and eventually, in their turn, *there came Jimmy the Screwsman and Napoleon Bonapart* ...

例[16]和[17]中的斜体部分为两个呈现性 *there*-结构。在例[16]中,呈现性 *there*-结构中的 PVNP,即 the moon,非常明显,是已经存在于听话人意识中的、也是他所熟悉的百科信息,因此,此例中的 PVNP 为听者旧信息。但是,即使如此,该 PVNP 并非没有任何意义的信息,而是说话人为了在下文中进行谈论而引入话语/语篇的信息,同时,说话人通过该呈现性 *there*-结构也激活了存在于听话人意识中的已知信息(the moon),并引起了听话人对 the moon 的注意。所以,从话语/语篇建构的角度来看,此例中的 PVNP 又是话语新信息。在例[17]中,虽然呈现性 *there*-结构中的 PVNP 为有定性专有名词(即人名),应为听话人所熟悉的人,故对他来说是已知信息,但是从上文语境中可以看出,这一 PVNP 并非说话人对上文内容的简单重复,而是对上文内容的具体化和明晰化,是说话人有意识地要传递给听话人的信息,即告诉他这些名人(工程师、科学家、企业家)具体是谁,因此,该呈现性 *there*-结构中的 PVNP 也具有一定的新信息性,属于话语新信息。故例[16]和[17]的呈现性 *there*-结构中的 PVNP 均为**话语新+听者旧信息**。

3.3.3 呈现性 *there*-结构的恰当性条件

由以上讨论可知,呈现性 *there*-结构能否成立完全取决于其中 PVNP 的信息状态。也就是说,呈现性 *there*-结构中的 PVNP 必须具有新信息性,而这种新信息性既可以是**话语新+听者新**信息,也可以是**话语新+听者旧**信息。这就是呈现性 *there*-结构得以成立的恰当性条件(felicity condition)。该恰当性条件可表示为表 3-1:

表 3-1 新旧信息恰当性条件

	听　者　新	听　者　旧
话语新	可以接受	可以接受
话语旧	不出现	不出现

此表说明,当呈现性 *there*-结构中的 PVNP 为**听者新+话语新**信息时,该结构可以接受;当呈现性 *there*-结构中的 PVNP 为**听者旧+话语新**信息时,该结构也可以接受;但是,当呈现性 *there*-结构中的 PVNP 为**听者新+话语旧**信息时,该结构不可能出现;当呈现性 *there*-结构中的 PVNP 为**听者旧+话语旧**信息时,该结构则更不可能出现。在可以接受的两种情况

中,第一种最为常见。从表 3-1 中可以看出,呈现性 *there-*结构成立与否与其中的 PVNP 的话语信息状态密切相关,PVNP 所传递的信息既可以是听者新信息,也可以是听者旧信息,但必须是话语新信息。由此可以认为,呈现性 *there-*结构对话语信息状态敏感(sensitive to discourse-status)。然而,有一点必须说明,在该结构中,PVNP 所传递的信息虽然可以是听者旧信息,但不能是百分之百的旧信息,而应该属于听话人所拥有的已知信息或百科信息,只是在话语的上文中未提及,当说话人运用呈现性 *there-*结构提及这类已知信息或百科信息时,则可激活听话人大脑中的这类已知信息或百科信息。因此,这类被激活的已知信息或百科信息应属于可推知已知信息,从而具有一定的新信息性,也正是这种新信息性保证了呈现性 *there-*结构的可接受性。例如:

[18a] President Clinton appeared at the podium accompanied by three senators and Margaret Thatcher. *Behind him there stood the Vice President.*

[18b] President Clinton appeared at the podium accompanied by three senators and Margaret Thatcher. ** Behind him there stood Thatcher.*

很明显,例[18a]中的呈现性 *there-*结构是可以接受的,但例[18b]中的呈现性 *there-*结构则是不能接受的。这是因为,在例[18a]中,呈现性 *there-*结构中的 PVNP,即 the Vice President,从听话人的角度来看,是被激活的可推知已知信息,从话语和语篇的角度来看,是新引入的话语新信息,所以是可以接受的;但在例[18b]中,呈现性 *there-*结构中的 PVNP,即 Thatcher,无论是从听话人的角度来看,还是从话语的角度来看,都是已经被提及的已知信息,没有任何新信息性可言,所以是不可接受的。

3.4　呈现性 *there-*结构的认知理据

完形心理学(Gestalt psychology) 曾提出了图形—背景区分(figure-ground distinction）的概念,塔尔米（Leonard Talmy）首先将其引入了认知语言学研究（Croft & Cruse 2004：56），并从认知的角度对其进行了独到的阐释,继而提出了图形-背景关系（Figure-Ground relation）理论。塔尔米认为,图形（Figure）是一个有待定位（anchoring）的概念,背景（Ground）是实施定位的概念。这对概念可以是关于某一移动或方位事件（event of motion or location）中在空间上相互有关的两个物体（object）的（Talmy 2000：311）。他还认为,图形是一个移动的或概念上可移动的实体（entity）,其路径（path）、位置（site）或方向（orientation）是一个变量（variable）,其特别价值则是凸显（salient）或相关（relevant）。背景则是一个参照实体（reference entity）,一个相关参照框架中的固定情景（stationary setting）。图形的路径、位置或方向依背景而定并得到描述（Talmy 1978：627，1983：232，2000：312）。据此,我们可以认为,图形和背景是同一认知框架所涉及的两个实体,其中移动的或相对可动的实体为图形,而相对不动的实体是背景,也正是在这种可动与不动的相互关系之中,图形以背景为参照而得到凸显。沈家煊（2005）对于 Figure 和 Ground 的译法和解释可以进一步证明这一点:

凸体（Figure）:指一个运动物体,它相对于另一个物体（衬体）而运动

衬体（Ground）:指一个参照物体,另一个物体（凸体）相对它而运动

根据塔尔米（1978，1983，2000）关于图形-背景关系的理论,张克定（2006，2007）提出,英语中的存现结构是一种 TtFG 结构,其中的 *there* 为触发语（Trigger）,谓语动词为过渡（transition）,之后的名词性短语（nominal phrase）为图形（Figure）,表示时空的短语（phrase of space/time）为背景（Ground）。这可以视为英语呈现性 *there*-结构的认知理据,因为"'认知语言学'认为,由语素组合成的词、各种短语、单句和复句等等都是大大小小的'构式'（construction）,都是形式和意义的结合体。一个'构式'是一个心理上的'完形'"（沈家煊 2005）。那么,英语呈现性 *there*-结构,作为 TtFG 结构的一种,无疑是一个心理上的"完形"。在这一"完形"中,PVNP 和时空短语分别为图形和背景,前者以后者为参照而得到凸显。这就从认知上清楚地解释了英语呈现性 *there*-结构中的 PVNP 所传递的

信息为什么必须具有一定的新信息性。

3.5　结　语

　　由上述可知,英语中的 *there*-结构可分为存在性 *there*-结构和呈现性 *there*-结构两大类。按照信息结构理论,从话语/语篇和听话人的角度来看,由于恰当性条件的限制,呈现性 *there*-结构中的 PVNP 所传递的信息可以是**话语新＋听者新信息**,也可以是**话语新＋听者旧信息**,但不可能是**话语旧＋听者新信息**,更不可能是**话语旧＋听者旧信息**。根据完形心理学中的完形理论,呈现性 *there*-结构是一种"完形"。按照认知语言学中的图形–背景关系理论,该"完形"中的 PVNP 和时空短语分别为图形和背景,前者以后者为参照而得到凸显。这就是呈现性 *there*-结构中的 PVNP 所传递的信息为什么不能完全是旧信息,而必须是**话语新＋听者新信息**或**话语新＋听者旧信息**的认知理据。

4

英汉语语音聚焦手段
对比研究[*]

4.1 引　言

　　语言最基本和最主要的功能是用于人与人之间的社会交际。人们运用语言进行交际时，要通过语言发送信息、接收信息，从而达到交流思想，互相了解的目的。人们使用语言进行交际的过程，就是通过语言，运用各种言语手段对信息进行编码、发送、传递、接收和解码的过程。

　　人们的言语交际(非言语交际除外)可分为两种形式：书面交际和口头交际。无论是书面交际还是口头交际，人们都要传递一定的信息，都要采用各种各样的言语方式或手段明确标示出所要传递的信息重点。能够用来明确标示出信息重点的方式或手段，称为聚焦手段(focusing device)。聚焦手段包括语音手段、词汇手段、位置手段、句型手段等。这里拟对英汉语中的语音聚焦手段进行一些尝试性的对比分析，以期找出英汉语在这方面的异同。

───────────────

*　本章原载张今、张克定著《英汉语信息结构对比研究》第76—87页(河南大学出版社,1998年),略有修改。

　　语音是语言的物质外壳,是言语交际内容的外部载体,因此,在口头交际中,信息的传递,主要是通过语音来实现的。在口头言语交际中,人们总是利用语音手段,把要传递的信息内容组织成一个个的信息单位(information unit)。信息单位往往包括已知信息(given information)和新信息(new information)两部分。已知信息(旧信息)就是发话人认定或假定在他发话时存在于受话人意识中的信息,包括由这种信息可以联想到的相关信息。未知信息(新信息)则是发话人在发话时想要输送到受话人意识中去的信息(张今、张克定 1998:7)。在信息单位中,既可以有已知信息,也可以没有已知信息,但必须有新信息,这就是说,信息单位中的已知信息是任选的(optional),而新信息则是必备的(obligatory)。这是因为,如果没有新信息,信息单位就不会存在(参见 Halliday & Hasan 1976:326)。

　　在口头言语交际中,语调(intonation)、调核(nucleus)、停顿(pause)等都具有传递信息的作用。降调往往表示肯定意义,升调往往表示疑问意义。例如:

　　[1] You are going to the library

若用降调说出例[1]这一串词语,表明这是一个肯定陈述句,传递肯定信息;若用升调说出例[1]这一串词语,[1]则相当于一个一般疑问句,传递疑问信息。

　　停顿在语句中的位置不同,往往会导致句义的变化。在例[2]中,如果在 her dog 和 biscuits 之间停顿,或者在 her 与 dog biscuits 之间停顿,则可有两种截然不同的意义,如[2a]和[2b]所示。

　　[2] She fed her dog biscuits.
　　[2a] She fed biscuits to her dog.
　　[2b] She fed dog biscuits to her.

　　如果把例[3]说成[3a]或[3b],结果是完全不同的。[3a]在"他"字之后停顿,表明"他"不会被判刑;[3b]在"得"字之后停顿,"他"肯定要被判刑。周有光(1995:179)记录了 1991 年 11 月 8 日《人民日报·海外版》第三版上的一句话:"在东阳市,新婚夫妇只要一次性交付五十元人民币,就可以得到一份金婚纪念保险证。"周有光问道:"这里的'性'字应当连前读,还是连后读?"若为前者,则在"性"字之后有停顿;若为后者,则在"交"字之后有停顿。两种可能的读法导致了两种大相径庭的意义。这实际上是停顿在起作用。

[3] 饶恕他不得判刑。

[3a] 饶恕他,不得判刑。

[3b] 饶恕他不得,判刑。

和语调、停顿不同,调核的作用在于标示信息单位中最重要的信息,即信息焦点,因此,虽然语调、停顿和调核都可传递某种信息,但是,"标志信息中心(即信息焦点)的手段只牵涉到调核位置"(陈文达 1983:135)。这就是说,调核具有聚焦作用,可用来提示焦点之所在。我们在这里只把调核作为一种语音聚焦手段加以讨论。下面将围绕以下几个方面进行对比分析:调核与焦点;常规焦点、有标记焦点和对比焦点;调核、焦点与预设。

4.2　调核与焦点

首先,有必要区分句子重音(sentence stress)和调核(nucleus 或 nuclear stress)。在口头言语交际中,说话人并不是对所有的词语平均使用力量,而是要根据所要表达的信息的强弱,把那些在表情达意方面相对比较重要的词语读得重一些,而把其他相对次要的词语读得轻一些。在语句中落在被重读词语上的重音就可叫作句子重音。一般来讲,开放性词类(如名词、动词、形容词、副词等)在语句中重读,而封闭性词类(如代词、介词、连词、助动词等)则不重读。例如:

[4] I 'saw your 'daughter and her 'husband 'yesterday. (符号"'"表示句子重音所在的位置。下同。)

[5] This 'narrow 'valley was the 'scene of the 'famous 'battle.

[6] I can 'do that 'easily.

[7] 他 '走了。

［8］她 '长得 '漂亮。

［9］'月亮 '慢慢地 '升起来了。

虽然开放性词类的词语在语句中都可以有句子重音,但它们并不是读得一样重。这要取决于它们在传递信息时的相对重要性,越是重要的词语读得越重(Jones 1956：262)。这说明,话语中重读的词语并不都是同等重要的。某一重读词语往往要比其他重读词语更为突出。语句中重音最突出的词语就形成语调单位的调核。

说话人在交际时通常就是利用调核来提示出他所要传递的最重要的信息的,所以,语句中带有调核的那一部分往往就是信息焦点(Chomsky 1972：91)。由此可见,在口头言语交际中,信息焦点同调核密切相关,前者往往通过后者得以实现。正如英国语音学家克鲁坦登(Alan Cruttenden)所说:"调核是语言中用以把语调组或语句中的某一部分提示为焦点的一种语言手段"(Nucleus placement is one device in language for showing FOCUS on some part of an intonation-group and hence of a sentence.)(Cruttenden 1980：80)。

作为一种聚焦手段,调核的作用就是把说话人意欲表达的最重要的信息凸显出来,使之成为焦点,而且,调核在语句中的位置标示出信息焦点之所在。调核在语句中的不同位置往往会形成不同类型的焦点,如常规焦点、有标记焦点、对比焦点等。下一节我们就讨论这几种焦点。

4.3　常规焦点、有标记焦点和对比焦点

"一个句子的焦点是句子语义的重心所在。由于句子的信息编排往往是遵循从旧到新的原则,越靠近句子末信息内容就越新"(张伯江、方梅 1996：73)。这是因为,"由'熟'而及'生'是我们说话的一般的趋势。这不完全是为了听者的便利,说话的人心里也是已知的先浮现(也可以说是由上文遗留下来),新知的跟着来"(吕叔湘 1990：469)。吕叔湘先生所说

的这种由"熟"及"生"的一般趋势就是人们在交际时按照从已知到未知的顺序来安排信息内容的最一般的原则,因此,处于语句末尾的成分通常被称作末尾焦点(end-focus)。这是最常见的信息焦点表达方式,我们不妨把这种焦点成分称为常规焦点(normal focus)(张伯江、方梅 1996:73),或无标记焦点(unmarked focus),而把出现在语句中其他位置上的焦点成分称为有标记焦点(marked focus),把"说话人出于对比目的才着意强调的"(张伯江、方梅 1996:73)焦点成分叫作对比焦点(contrastive focus)。

如前所述,调核在标示信息焦点方面起着决定性的作用,调核在语句中的位置决定着焦点的类型。如果调核落在语句的末尾成分上,这种调核可视为常规调核(normal nucleus),由常规调核所标示出的焦点则为常规焦点。若调核落在语句末尾成分之前的其他成分上,这种调核可叫作有标记调核(marked nucleus)。说话人如果使用有标记调核只是为了强调语句中末尾成分之外的某一成分,这时,有标记调核所提示出的焦点叫作有标记焦点;说话人如果是为了对比的目的而使用有标记调核,这样,有标记调核所标示出的焦点则为对比焦点。总之,调核可分为常规调核和有标记调核,常规调核提示出的焦点成分叫常规焦点,有标记调核提示出的焦点可能是有标记焦点,也可能是对比焦点。两类调核和它们所提示出的几类焦点可用图 4 - 1 表示如下:

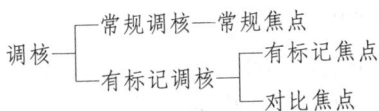

```
           ┌─常规调核──常规焦点
调核────┤              ┌─有标记焦点
           └─有标记调核─┤
                          └─对比焦点
```

图 4 - 1 调核与焦点

常规调核是最常用的调核类型,由常规调核所提示出的焦点也是最常见的焦点类型,故称为常规焦点。这是因为,无论是在英语中,还是在汉语中,说话人往往遵循由已知到未知的原则,把意欲传递的重要信息内容放在语句末尾,并用常规调核将其点明,使之成为常规焦点。因此,在口头交际中,说话人一般来讲总是把调核放在语调组或语句的最后一个开放性词类的词语之上。英语和汉语在这方面是相同的。例如:

[10] John ran all the way to the "station.

[11] I don't know what to "do.

[12] John is eager to "look at it.

［13］His wife is always "nasty.

［14］She plays the piano "beautifully.

［15］我后天上"广州。

［16］这件衣服"漂亮。

［17］房子收拾"干净了。

［18］中国人民从此"站起来了。

在英语中,起状语作用的词语经常出现在句末,如例［14］中的 beautifully。然而,并不是所有末位状语都可以重读而成为焦点。不能用调核将其凸显为焦点的末位状语有两类。一类是其意义已经由说话时的情境(situation)明确给定了的末位状语(Leech & Svartvik 1974:173),如 today、tonight、yesterday、this morning、last night、here 等。这类状语一般都是可以以说话时的情境为参照点就能作出推断,表示时间或地点的状语。在这种情况下,调核就落在此类状语之前的那个实义词项上,并使其成为焦点。例如:

［19］I went out and bought some new "books *today*.

［20］John brought his "son *here yesterday*.

［21］My father broke his "leg *last night*.

［22］I ran into "John *this morning*.

［23］She was looking "happy *tonight*.

另一类状语是处于末位的评注性状语(disjunct)。这类状语也不能用调核将其标示为焦点,因为这类状语通常表示事后的想法(afterthought)(Cruttenden 1980:84),并不是语句中的主要信息部分。例如:

［24］He didn't know how to "do it *fortunately*.

［25］I've found out her "telephone number *incidentally*.

［26］She'll suc"ceed *probably*.

如例中所示,调核落在这类状语之前的那个实义词项上,并使其成为焦点。在以上两种情况下,由调核提示出来的焦点仍属于常规焦点。在汉语中状语通常位于被修饰对象之前,一般不出现在语句的末位上,所以,汉语没有上述英语中的情况。

常规调核凸显常规焦点,这是英汉语中最常见、最一般的现象。但是,在口头言语交际中,说话人为了突出强调自己所要传递的信息内容,

有时就要调整调核的位置,使其提前出现,或出现在一般不出现的位置上,这时,调核提示出的焦点成分是有标记焦点。例如:

[27] You say "Madam, isn't that beautiful?" If you sug"gest it's beautiful, they "see it as beautiful.

[28] 咱们公司"今年出口任务很重。

在例[27]中,说话人把调核提前到 suggest 和 see 之上,在例[28]中,说话人把调核前移到"今年"上。在这两例中,调核都没有落在常规位置上,因而是有标记调核,由此提示出来的焦点也就成了有标记焦点。

说话人有时使用有标记调核,不只是为了突出强调语句中的某一成分,而且是出于对比的目的而着意凸显话语中的相关成分,从而提示出对比焦点。例如:

[29] A: I didn't know Susie could cook so well.

    B: She can't. "Ronald made the hamburgers.

[30] All three of them had a go. Only the "mother was successful.

[31] She found it very "easy to settle to married life whereas he found it "difficult.

[32] 大家都来了,"他为什么不来?

[33] 我"零钱买菜了,大票一点没动。

[34] 我只会"欣赏诗,我不会"写诗。

在例[29]中,B 在 Ronald 上使用了有标记调核,表明 Ronald 与 A 提到的 Susie 之间所形成的对比,所以,Ronald 为对比焦点。在例[32]中,说话人用有标记调核来表示"他"与其前的"大家"的对比关系,并使其成为对比焦点。其他各例可照此类推,不再赘述。

如前所述,有标记调核提示出的焦点可以是有标记焦点,也可以是对比焦点。实际上,对比焦点也是一种有标记焦点。这说明有标记焦点与对比焦点是有联系的,但二者也有区别。有标记调核所提示出的有标记焦点,只是说话人要强调的内容,而不表示与话语中其他内容的对比;而有标记调核所标示出的对比焦点不仅是说话人要突出的内容,而且还表示与话语中相关内容的对比。请比较例[29]与例[35]。

[35] A: Who made the hamburgers?

    B: "Ronald made the hamburgers.

例[35]中的 Ronald 是有标记焦点,是 B 对 A 的问话的答语,但 Ronald 没有与其他成分形成对比。在例[29]中,B 首先否定了 A 说 Susie 善于烹调的假设,继之用有标记调核把 Ronald 凸显出来,加以强调,并与 A 提到的 Susie 形成了对比,所以,Ronald 是对比焦点。

4.4　调核、焦点与预设

我们在上文讨论了调核与焦点的关系。调核与焦点密切相关,前者决定后者。带有调核的成分就是信息焦点。那么,调核在语句中的位置是根据什么确定的呢?

作为一种聚焦手段,调核可以明确地标示出信息焦点,但调核不是随意性的,不能随心所欲地想安排在哪个成分之上,就安排在哪个成分之上。调核在语句中的位置实际上是受预设(presupposition)制约的。预设就是发话人认为他和受话人双方所共有的信息。这共有的信息是交际双方所共同接受的已知信息。这样,发话人就要根据预设来确定调核在语句中的位置。调核往往落在不存在于预设之中的成分之上,即焦点成分之上,因为信息焦点是发话人认为他和受话人所非共有的信息,是他要传递的新信息。在例[36]中,调核有四个可能的位置,如[36a]—[36d]所示。

[36] John painted the shed yesterday.

[36a] John painted the "shed yesterday.

[36b] John "painted the shed yesterday.

[36c] "John painted the shed yesterday.

[36d] John painted the shed "yesterday.

调核在例[36]中之所以有四个可能的位置,是取决于预设的。也就是说,从[36a]到[36d],预设发生了变化,预设的变化引起了调核的位移,调核的位移又标示出了不同的焦点。所以,[36a]—[36d]的预设分别是

[36a′]—[36d′]。

[36a′] John painted *something* yesterday

[36b′] John *did something* to the shed yesterday

[36c′] *Someone* painted the shed yesterday

[36d′] John painted the shed *on a certain day*

在下面这个汉语例子中,说话人可以根据不同的预设,如[37a]—[37d]所示,把调核分别放在"卖""自行车""我(的)"和"我"上,并分别标示为焦点,如[37a′]—[37d′]所示。

[37] 我把我的自行车卖了。

[37a] 我对我的自行车做了某事

[37b] 我把我的某物卖了

[37c] 我把某人的自行车卖了

[37d] 某人把我的自行车卖了

[37a′] 我把我的自行车"卖了。

[37b′] 我把我的"自行车卖了。

[37c′] 我把"我的自行车卖了。

[37d′] "我把我的自行车卖了。

这说明,预设、调核、焦点三者之间有着密切的关系,其中预设是关键,调核是手段,焦点是目的。也就是说,在口头言语交际中,说话人根据预设这一关键,利用调核这一语音聚焦手段,达到传递重要信息(即信息焦点)的目的。所以,预设起着决定性的作用,决定着调核在语句中的位置,决定着信息焦点的选定。换句话说,调核和焦点随着预设的变化而变化。这在英语和汉语中是相同的。那么,预设、调核、焦点三者之间的关系就可表示为:预设→调核→焦点,即预设决定调核,调核决定焦点,如图4-2所示。

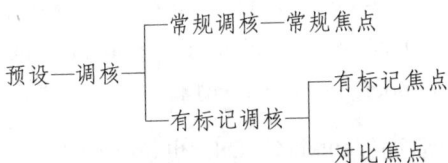

图4-2 预设、调核和焦点的关系

4.5　结　语

从以上的讨论看,在利用调核这一语音聚焦手段来提示信息焦点方面,英语和汉语没有什么差别。但是,这种语音聚焦手段在英语和汉语中的使用频率是不一样的。语音聚焦手段(即调核)在英语中的使用频率要高于在汉语中的使用频率。克鲁坦登也和我们持有同样的观点:

> 调核的放置是一种语言手段,用以把语调组或语句中的某一部分标示为焦点,但这不是语言中使用的唯一手段。其实,任何语言都可能使用各种方法把听者的注意力引导到话语中的某一部分之上。除了语音聚焦手段,各种语言还会使用词汇聚焦手段和语法聚焦手段。然而,在运用这几种聚焦手段时,各种语言自然而然地会表现出差异。在声调语言中,语音聚焦手段的运用就可能比在非声调语言中要少得多。在英语中,用调核来提示焦点就比用词汇手段和语法手段来提示焦点要普遍得多。因此,调核的位置是英语中的主要聚焦手段。(Nucleus placement is one device in language for showing FOCUS on some part of an intonation-group and hence of a sentence. It is not the only such device used in languages. Indeed any one language is likely to use a variety of methods for fixing the attention of a listener on some portion of an utterance. Besides intonational means of focusing, languages may use both lexical and grammatical means. Languages will naturally vary in the extent to which they use these various means: in a tone language the intonational means of focusing is likely to be much less used than in a non-tone language. In English the use of nucleus placement to indicate focus is more pervasive than the use of lexical and grammatical means. Nucleus placement is then the principal means of focusing in English.)(Cruttenden 1980: 80 – 81)

荷兰语言学家迪克(Simon C. Dik)也持相同观点。他在讨论聚焦手段时,区分出了四类聚焦手段:

第一,韵律凸显,强调重音;第二,特殊语序:焦点成分在语句线性序列中的特殊位置;第三,特殊焦点标记语:把焦点成分同语句中其他成分标记开来的词语;第四,特殊焦点结构:把某一具体成分标示为具有焦点功能的结构。["(i) prosodic prominence, emphatic accent; (ii) special constituent order: special positions for Focus constituents in the linear order of the clause; (iii) special Focus markers: particles which mark off the Focus constituent from the rest of the clause; (iv) special Focus constructions: constructions which intrinsically define a specific constituent as having the Focus function."](Dik 1989: 278)

迪克接着指出,"声调语言已经在词汇层和语法层使用了韵律(prosody)手段,所以,在标示焦点时倾向于使用上述第二至第四种手段,而不是仅仅使用语音手段。"(Interestingly, tone languages, which already use prosodic prominence for lexical and grammatical purposes, tend to use devices (ii)-(iv) rather than just accentuation for expressing Focus.)(Dik 1989: 279)

我们同意克鲁坦登和迪克两位学者的观点。汉语是声调语言(tone language),英语是语调语言(intonation language),所以,声调在汉语中有区别词义的作用,而在英语中则没有这种功能。因此,我们认为,虽然英语和汉语都使用语音、词汇、语法(句型)以及位置这四种聚焦手段,但使用频率不同。英语以语音聚焦手段为主,汉语以语法(句型)聚焦手段为主。

5

英汉语词汇聚焦手段对比研究[*]

5.1 引 言

在言语交际活动中,说话人往往要使用这样或那样的方式或手段,以便明确标示出他所要表达的最重要的信息,即信息焦点。这种用来标示信息焦点的手段,可称为聚焦手段。

第4章引用了荷兰语言学家迪克关于聚焦手段分类的看法。他所说的这四种聚焦手段,第一种可称为语音手段,第二种可称为位置手段,第三种可称为词汇手段,第四种则可称为语法手段或句型手段。本章只讨论其中的词汇手段。

---

* 本章原载张今、张克定著《英汉语信息结构对比研究》第 88—145 页(河南大学出版社,1998 年),略有修改。

5.2　焦点提示词语的分类

　　所谓词汇聚焦手段,是指那些可以用来把语句中的某一成分提示为信息焦点的词语,如英语中的 only、even、also,汉语中的"也""只""连"等。这种词语可以看作焦点提示语(focusing marker),用以突出说话人想要表达的最重要的语义内容。英语和汉语中都有少量词语可以充当焦点提示语。在汉语中具有提示焦点作用的词语均为副词,而在英语中,具有这种作用的词语不仅是某些副词,而且还有个别介词词组。

　　焦点提示词语,根据其词义和功能,可以分为不同的类型。英国语言学家夸克等在他们的《英语语法大全》中认为,按功能划分,焦点提示词语可分为限制性词语(restrictive)和添加性词语(additive)两大类。限制性焦点提示词语又可再分为排他性词语(exclusive)和特指性词语(particularizer)两个次类。他们还把否定词 not 看作是限定性词语的一种①(Quirk, et al. 1985:604-605)。语言学家塔格利希特(Josef Taglicht)则把焦点提示副词分为排他性、添加性和特指性三类(Taglicht 1984:3)。徐盛桓(1987a)把焦点提示副词分为排他性、添加性、强调性和否定性四类。显然,上述三种分类既有相同之处又有相异之处,而且互有重叠。三种分类中都有排他性、添加性和特指性焦点提示词语,徐盛桓的强调性焦点提示词语事实上指的就是特指性焦点提示词语,只不过在夸克等人的分类中,排他性和特指性焦点提示词语被视为限制性词语名下的两个次类。我们认为,这两类词语可分别单独划类,与添加性焦点提示词语并列。其原因是,从语义上看它们不仅相互有别,而且也有别于添加性词语。所以,我们倾向于把焦点提示词语分为四类:排他性、特指性、添加性和否定性焦点提示词语。这一分类既适合于英语,也适合于汉语。

---

　① 夸克等人在他们的 *A Grammar of Contemporary English* (1972)一书中把焦点提示词语叫作聚焦附加语(focusing adjunct),而他们在 *A Comprehensive Grammar of the English Language* (1985)一书中则将焦点提示词语称为聚焦下加语(focusing subjunct)。

5.2.1 排他性焦点提示词语

排他性指的是话语内容只适用这类词语所提示出的焦点部分,即强调焦点成分的唯一性。英语中的排他性焦点提示词语有 alone、exclusively、just、merely、only、simply、solely 等,其中以 only 最为典型。在这些焦点提示副词中,alone 总是紧跟在它所提示出的焦点成分之后;exclusively、just、merely、simply、solely 则位于焦点成分之前。例如:

[1] The accident was witnessed <u>by two persons</u> *alone*.(例句中的焦点提示词语用斜体表示,焦点成分用下划横线表示,下同。)

[2] <u>Dreiser</u> *alone* has tried to picture the career of such a man.

[3] This room is *exclusively* <u>for women</u>.

[4] I did it *just* <u>as a favour to you</u>.

[5] It is not a proposal; it is *merely* <u>a suggestion</u>.

[6] I do it *simply* <u>for money</u>.

[7] He left the army *solely* <u>on account of ill-health</u>.

作为英语中典型的排他性焦点提示副词,only 既可位于焦点成分之前,也可紧随其后。例如:

[8] — How long have you been in London?

— Oh, *only* <u>a few days</u>.

[9] John admires <u>his brother</u> *only*.

在这种情况下,only 所提示出的信息焦点是明确的,不会产生误解。然而,only 经常出现在谓语动词之前,从而造成在同一个语句中标示出多个焦点的可能性。以[10]为例,only 所提示出的焦点可以是谓语动词 bought、宾语 beer 或状语 in the supermarket,甚至是主语 John,如[10a]—[10d]所示,其原因与 only 的语义范围有关(详见 5.3.1)。

[10] John *only* bought beer in the supermarket.

[10a] John *only* <u>bought</u> beer in the supermarket.

[10b] John *only* bought <u>beer</u> in the supermarket.

[10c] John *only* bought beer <u>in the supermarket</u>.

[10d] John *only* bought beer in the supermarket.

汉语中的排他性焦点提示词语主要有下列副词:"只""仅(仅)""才""就""光""单"等。"只"这一焦点提示副词总是位于焦点成分之前。例如:

[11] 在校时各据一桌,我只预备功课,(他却老是写小说和童话)。
(汉语例句中的焦点提示词语用下加着重点表示。下同。)

[12] 在书展上,签名售书时间最久的,要数我。贤亮兄只售一上午,叶永烈兄也只有一天,还有别的诸公,也多为售不久则走矣。

[13] 大多数人读书作文,只为生活得有点情趣,有个依托。

与英语中的 only 一样,汉语中的"只"也常用于语句的谓语动词之前,而可能提示出的焦点不易确定。在例[14]中,"只"可以提示出至少四个部分为信息焦点,如[14a]—[14d]所示。这与"只"的语义范围密切相关(详见 5.3.1)。

[14] 我只借给他一本俄文书。
[14a] 我只借给他一本俄文书。
[14b] 我只借给他一本俄文书。
[14c] 我只借给他一本俄文书。
[14d] 我只借给他一本俄文书。

"仅"或"仅仅"与"只"的词义相同,而排他性更强,往往用于焦点成分之前。由"仅"或"仅仅"所提示出的焦点通常是名词词组,尤其是含有数量词的名词词组。例如:

[15] 若大个中仓在墨绿色的地毯的映衬下,仅有一床、一桌、四个沙发椅。

[16] 车子太小,仅能坐十个人。

[17] 校联队在足球赛中成绩突出,仅仅老李一个人就进了三个球。

作副词用时,"才"和"就"都有多个词义。当它们用于"仅仅"或"只"这一词义时,可以看作排他性焦点提示词语。"才"常常可以把在它之后或之前的成分提示出来作为焦点。例如:

[18] 这个 166 号距离住处满打满算才两站地。

[19] 这个孩子才十来岁,懂的事情可多呢!

［20］我明天才走呢。

［21］他昨天才到上海。

而"就"则只能把位于其后的成分提示出来作为焦点。例如：

［22］老赵就学过法语，没学过别的外语。

［23］我就要这个，不要别的。

［24］就厂长没走。

［25］从前就他一个人知道，现在大家都知道了。

副词"光"和"单"用于"只"这一词义时，也可视为排他性焦点提示词语，它们所提示出的焦点往往是其后的成分。例如：

［26］我光谈学习问题，不谈其他问题。

［27］光他们俩就抬了八十筐土。

［28］光北京就有两千人参加。

［29］我不再问他什么话，单听着他往下说。

［30］单拣好吃的吃。

［31］单苹果就收了十万斤。

从例［27］、［28］、［31］可以看出，"光"和"单"所提示出的焦点为语句的主语时，谓语动词前要用"就"一词与之相配。

就排他性焦点提示词语在语句中的位置而言，汉语中"才"有时可将它之前的状语（尤其是时间状语）提示出来作为信息焦点，除此之外，汉语中的排他性焦点提示词语都出现在它们所提示出的焦点成分之前；而在英语中，alone 是一个特例，它总是紧跟在焦点成分之后，其他排他性词语则一般位于焦点成分之前。英语中的 only 与汉语中的"只"可以看作是对等的排他性副词，但 only 有时可以将其前的成分提示出来作为焦点，而"只"则不能；only 在语句中的位置比较灵活，可以用在它要提示的任何焦点成分之前，因此，［10b］—［10d］可改写为［10b′］—［10d′］，而"只"则不能。

［10b′］John bought *only* beer in the supermarket.

［10c′］John bought beer *only* in the supermarket.

［10d′］*Only* John bought beer in the supermarket.

5.2.2 特指性焦点提示词语

所谓特指性,就是要引起听者或读者对这类词语所标示出的焦点部分的特别注意。英语中的特指性焦点提示词语主要包括副词 especially、specifically、particularly 和介词词组 at least、in particular 等。especially 和 specifically 通常用在它们所标示的焦点成分之前。例如:

[32] — Do you like fruit?

　　— Yes, I do, very much, *especially* <u>pears and apples</u>.

[33] Noise is unpleasant, *especially* <u>when you're trying to sleep</u>.

[34] He asked *specifically* <u>for French wine</u>.

[35] The doctor told Kate *specifically* <u>not to eat certain foods</u>.

如果 especially 出现在谓语动词之前,它就有可能把其后的成分(如宾语)或把它之前的成分(即主语)提示出来,作为焦点。在后一种情况下,在口语中调核落在 especially 之上。例如:

[36] The girls *especially* objected to his manners.

[36a] The girls *especially* objected to <u>his manners</u>.

[36b] <u>The girls es"pecially</u> objected to his manners.

副词 particularly 是英语中典型的特指性焦点提示词语,既可用在焦点成分之前,也可用在焦点成分之后。例如:

[37] They had had a lesson. And *particularly* <u>Sophia</u> had had a lesson.

[38] He mentioned <u>that point</u> *particularly*.

也正是因为 particularly 的这一特点,当它用于某一语句的谓语动词之前时,就可将它之前或之后的成分标示为焦点。因此,在例[39]中,particularly 所特指出的焦点可以是 Mary,如[39a]所示,也可以是 John,如[39b]所示。在后一种情况下,调核则要落在其前的焦点成分 John 上。

[39] John *particularly* liked Mary.

[39a] John *particularly* liked <u>Mary</u>.

[39b] "<u>John</u> *particularly* liked Mary.

英语中具有焦点提示作用的特指性介词词组为 at least 和 in particular。两者通常用来把语句中的名词性成分标示为焦点。at least 通常用在焦点成分之前，in particular 通常用在焦点成分之后。例如：

[40] The repairs will cost *at least* <u>twenty dollars</u>.

[41] *At least* <u>ten workers</u> reported sick yesterday.

[42] <u>The workers</u>, *in particular*, are dissatisfied with the government.

[43] You should avoid eating fat meat, <u>pork</u> *in particular*.

[44] Margaret liked all her classes, but she likes <u>sewing class</u> *in particular*.

汉语中的特指性副词为"尤其"和"特别"。这两个副词常常可以用来把其后的成分特别提示出来作为焦点。例如：

[45] 提出和平奖是诺贝尔的动机和想法。他十分关注和平事业的发展，尤其敬重<u>和平会议的发起者和组织者</u>。

[46] 北京市政府认为，外地来京人员对首都建设做出了重大贡献，尤其<u>在建筑业和蔬菜市场中起到不可替代的作用</u>。

[47] 咱们队里缺少人，特别缺少<u>有文化的年轻人</u>。

[48] 他非常喜欢文艺作品，特别喜欢<u>近代的</u>。

有时，"尤其"和"特别"之后要用"是"字。例如：

[49] 在广州、深圳直到北京，新建的现代化建筑到处可见，城市建筑新颖豪华，环境十分优美，尤其是<u>北京</u>，更加令人喜爱。

[50] 我们班上的同学学习都很认真，尤其是<u>小李</u>。

[51] 工业，特别是<u>重工业</u>，在发展生产中非常重要。

[52] 古典小说中他最喜欢的是《水浒传》《儒林外史》，特别是<u>《红楼梦》</u>。

在一定的语境中，"尤其"有时可以把它前边的成分提示为焦点。例如：

[53] 他各门功课都很好，<u>语文</u>尤其突出。

[54] 今年各季度钢产量都比去年同期高，<u>第四季度</u>尤其显著。

就类别而言，具有焦点提示作用的特指性词语，在英语中不仅有副词，而且还有介词词组，而在汉语中只有副词。在汉语中，"尤其"一般用在它所标示出的焦点成分之前,有时也可出现在焦点成分之后,"特别"则总是用在它所提示出的焦点成分之前。在英语中,in particular 这一特指性介词词组总是位于焦点成分之后,at least 和 specifically 则总是用在焦点成分之前。副词 especially 和 particularly 既可把其前的成分也可把其后的成分标示为焦点,从而导致歧义。

5.2.3　添加性焦点提示词语

所谓添加性就是在语句中已经提到的内容之上添加上新的内容。英语中具有焦点提示作用的添加性词语有 also、either、even、too、as well、in addition 等。在这些表示添加意义的词语中,either、too、as well 和 in addition 都常位于句末,其中 either 总是与 not 连用,总是用于否定句,如例[55]所示。例如:

[55] You can't eat this, *either*.

[56] — Do you understand English?

　　— Yes, and I speak it, *too*.

[57] They like swimming. My children like swimming, *too*.

[58] In some part of London there are trolley-buses and trams *as well*.

[59] I should have liked to order a new overcoat *as well*.

[60] The man worked him sixteen hours a day and beat him *in addition*.

[61] Aunt Mary gave us sandwiches for our picnic and a bag of cookies *in addition*.

添加性副词 also 和 even 既可将它们之前的成分,也可把其后的成分提示出来作为焦点。例如:

[62] John *also* met Mary.

[63] Another leading industry in this country is shipbuilding. The motor industry is *also* very flourishing.

[64] And I've *even* tried a blanket in a washing-machine.

[65] John *even* has been giving his daughter French lessons.

5 英汉语词汇聚焦手段对比研究

如果焦点为语句的主语,even 可以位于主语之后,如上例[65],也可位于主语之前,如下例[66],而 also 则只能用于主语之后,如下例[67]。

[66] *Even* <u>John</u> managed to solve the problem.

[67] In 1968 <u>Matthews</u> *also* discussed it.

当 also 和 even 用在语句的谓语动词之前时,它们就有可能将其前或其后的成分提示出来作为焦点,如[68a]—[68b]和[69a]—[69c],这样就会造成不止一种理解。这同 only 的情况一样,也与它们的语义范围有关(详见 5.3.2)。

[68] John *also* phoned Mary.

[68a] <u>John</u> *also* phoned Mary.

[68b] John *also* phoned <u>Mary</u>.

[69] John *even* gave his daughter a new bicycle.

[69a] <u>John</u> *even* gave his daughter a new bicycle.

[69b] John *even* gave <u>his daughter</u> a new bicycle.

[69c] John *even* gave his daughter <u>a new bicycle</u>.

汉语中具有焦点提示作用的添加性词语主要有"也""还""甚至""连"等。副词"也"的使用往往要涉及两个表述,这两个表述可体现为两个句子或分句,"也"字总是出现在后一个句子或分句中。在"也"字所涉及的两个句子或分句中,总有些成分是相同的或相关的,有些成分则是不同的。相同的或相关的成分可称为同项,不同的成分则可叫作异项。"也"字所牵涉到的两个句子或分句至少应有一个同项,也至少应有一个异项。"也"所表示的添加意义,就是在前一个句子或分句句义的基础上,添加上后一句子或分句中的异项所负载的内容,使之成为焦点。"也"字所在的后一句子或分句中的异项既可位于"也"字之前,也可位于"也"字之后。例如:

[70] 局长是个好人,<u>局长媳妇</u>也是好人。

[71] 刚下过雪的地面能反射 95% 的太阳光;<u>沙地、水泥地</u>也都可以反射 30% 的太阳光。

[72] 历史赋予社会科学新的发展机遇,历史也对社会科学提出<u>严峻的挑战</u>。

[73] 章太炎是近代著名的学者,也是<u>爱国的史学家</u>。

与"也"字一样,添加性副词"还"的使用也要涉及两个表述,也总是用于后一句子或分句,将它所在的句子或分句中的异项添加在前一句子或分句的句义之上,使异项成为表达的焦点。与"也"字不同的是,"还"字所标示出的焦点总是位于"还"字之后。例如:

[74] 这次旅游上海,我们看了看市容,还尝了尝<u>上海小吃</u>。

[75] "淘箩"平平正正地放在岸上,旁边还有<u>一株菜</u>。

[76] 解放后他家分了房子地,还分了<u>一头红骡子</u>。

美国语言学家李讷(Charles N. Li)和汤普森(Sandra A. Thompson)在他们合著的 *Mandarin Chinese: A Functional Reference Grammar* 一书中认为,"也"和"还"之间有一个重要的差别。"还"字的语义只能作用于谓语部分,而不能作用于主语部分;而"也"字的语义则只能作用于主语部分,而不能作用于谓语部分(Li & Thompson 1981:334)。因此,他们将[77]和[78]分别解释为[77a]和[78a]。

[77] 他还买了<u>一个花瓶</u>。

[78] <u>他</u>也买了一个花瓶。

[77a] 除了其他东西,他还买了<u>一个花瓶</u>。

[78a] 除了其他人,<u>他</u>也买了一个花瓶。

李讷和汤普森对"还"字的语义作用的解释当然是正确的,但他们对"也"字的语义作用的解释只对了一半。我们认为,"也"字的语义作用不仅能对主语部分起作用,如上例[70]和[71],而且同样能对谓语部分起作用,如上例[72]和[73]。再如:

[79] 酒店用建立"顾客档案"的方法来吸引回头客,<u>服装店</u>也可用此法多揽活。

[80] 我问过许多那个时候到过无锡的人,我也<u>派人</u>到无锡打听过。

汉语中的另一个添加性焦点提示副词是"甚至"。这一副词总是位于焦点成分之前。例如:

[81] 诚然,北方今年大雨,永定河、大清河甚至<u>决了堤防</u>。

[82] 然而一些地方离任的审计却是一个薄弱环节甚至是<u>一个空白</u>。

[83] 应当承认,在自然经济长期延续,农耕文化多年沉积的历史和社会面临巨大变革,法制尚未健全,价值观念正在转变的现实交织困扰下,从众心理往往影响人们的思维方式,甚至<u>左右人们的行为准则</u>。

在"甚至"标示出的焦点成分之后,经常会使用"都"字或"也"字,从而形成"甚至……都/也"的结构。这样就使焦点更加明显。例如:

[84] 他胆子太小了,甚至<u>树叶</u>落下来都怕砸了脑袋。

[85] 在城市,在农村,甚至<u>在偏僻的山区</u>,到处都流传着这个动人的故事。

[86] 这样浅近的道理甚至<u>三岁孩子</u>也知道。

[87] 不让吃就闹一场,甚至<u>打一架</u>也不在乎。

汉语中的"连……也/都"结构也是添加性焦点提示词语。在语言学界,有很多学者认为这一结构中的"连"字是介词(参见吕叔湘主编 1984:324;朱德熙 1982:190;刘月华等 1983:137;房玉清 1993:335;汤廷池 1980:259),但是有些学者则持不同观点,周小兵(1990)从语义和功能两方面对"连"字进行了分析,他认为,"还是把'连'看作副词比较妥当"。王力则从词源的角度说明"连"字是从动词变来的副词(王力 1985:133)。我们同意周小兵和王力的观点,把"连……也/都"结构中的"连"字看作副词。然而,需要说明的是,所有的学者都认为这一结构中紧跟在"连"字之后的成分是被强调的成分,也就是本书所说的信息焦点。能够用"连……也/都"结构进行强调而成为信息焦点的成分可以是主语、谓语动词、宾语、状语,甚至是一个分句。例如:

[88] 这真是揭老底战斗队,连<u>"猩猩"这样的人</u>都脸红了。

[89] 我插嘴说我这个老学生还未见过他作画,大家很惊讶,怎么连<u>我</u>也未见过他作画呢!

[90] 医学上的研究屡次提证:生活在愉快的环境中,生命有机体就异常健康。慢说人类,就连<u>动物</u>都能吃得好,睡得香,少生病。

[91] 当他小有名气时,就把"老师"改为"老张"了;当他名气更大时,连<u>"老张"</u>都懒得叫了,真是"用得着人时朝前,用不着人时朝后"啊!

[92] 严重的是,我们对许多"隐性问题"连认识都还没有认识。

[93] 那挨斥的小女孩恐惧得连哭也不敢。

[94] 连星期天他们也要上班。

[95] 连太太骂他饭桶,他也无所谓。

有时为了更加突出"连……也/都"结构所强调的内容,可以在"连"字之前再加上添加性副词"甚至"。例如:

[96] 从此美国大力发展伪装部队,在国防部设立了伪装欺骗局,甚至连师一级作战部队都编有伪装分队。

[97] 那是他花了很长时间研究的一个课题,没有被通过。回家后,他出奇地冷静,一个人默默地坐在书桌旁,烟头烧到了他的手指他也没发觉,甚至连我推门进屋,他也没有作任何反应。

[98] 这样的消息天天都有,甚至连下雨天都不例外。

"连……也/都"结构可以用来突出强调谓语动词。吕叔湘主编的《现代汉语八百词》对此的观点是,"谓语限于否定式(有时前后是同一动词)"(吕叔湘主编 1984:325),房玉清(1993:336)也持相同的观点。中国台湾学者汤廷池也说,"主要动词提前(即用'连……也/都'结构强调谓语动词——笔者按)似乎限于否定句",而相应的肯定句"都不合语法"(汤廷池 1980:261)。例如:

[99a] 我连看都不想去看他。

[99b] *我连看都想去看他。

[100a] 父亲的劝告小张连听也不听。

[100b] *父亲的劝告小张连听也听。

可以认为,这些学者的观点在很多情况下是正确的,有一定的解释力,如上例[92]、[93]、[99a]和[100a]。但事实并非总是如此。"连……也/都"结构所强调的焦点成分为谓语动词时,也可以不用否定句,而用肯定句。例如:

[101] 她的哭声止了。她还在抽泣。最后她连抽泣也止住了。

[102] 他连睡觉也得在防空洞里。

如果比较一下肯定句和否定句,就可以发现,否定句中的谓语动词前后多是同一动词,而肯定句中则不然。[101]和[102]也可由肯定句改为否定句,但要重复动词。

[101a] ……最后她连<u>抽泣</u>也不抽了。

[102a] 他连<u>睡觉</u>也不得不睡在防空洞里。

然而,[102]即使重复动词,也仍可用肯定句的形式表达。

[102b] 他连<u>睡觉</u>也得睡在防空洞里。

[102c] 他连<u>睡觉</u>也必须睡在防空洞里。

这就表明,"连……也/都"结构强调谓语动词时,既可用于否定句,也可用于肯定句,只是前者比后者常见一些罢了。

当"连……也/都"结构强调含有数词的名词词组时,"数词限于'一',谓语限于否定形式"(吕叔湘主编 1984:326)。房玉清(1993:337)和汤廷池(1980:261)也持相同的看法,如下例[103]—[106]。

[103] 屋里连<u>一个人</u>也没有。

[104] 他身上连<u>一分钱</u>也没有了。

[105] 他连<u>一分钟</u>都不肯静下来。

[106] 那里,还有最难得的清静,有时,万籁俱寂,连<u>一点声息</u>都听不到。

另外,"连……也/都"结构所强调的含有数量词的名词词组,"如果带'一'以外的数词,必须有'这'或'那'等限定词"(房玉清 1993:337),"否则不能提前"(即不能用作"连……也/都"结构的强调对象——笔者按)(汤廷池 1980:261)。例如:

[107a] 他连<u>这两本书</u>也不要。

[107b] *他连<u>两本书</u>也不要。

[108a] 他连<u>那几次</u>也没有来看我。

[108b] *他连<u>几次</u>也没有来看我。

上述观点显然不能算错,但是说得过于绝对。徐盛桓曾给笔者提供了以下三例,前两例强调的分别是含有数词"一"的"一分钱"和"一分钟",但却是肯定句;后一例强调的是不含数词"一"的名词词组"三百万",但没有用限定词"这"或"那"。

[109] 他连<u>一分钱</u>也抢。

[110] 他连一分钟也嫌长。

[111] 他连三百万也嫌少。

这些例子表明,用"连……也/都"结构突出带有数词"一"的名词词组时,也可用肯定句;如果被强调的名词词组带有"一"以外的数词,也可以不用限定词"这"或"那"。那么,为什么会出现此类现象呢?这是因为,可以用"连……也/都"结构来突出强调的往往是那些按常理最不可能或最不应该发生的行为或状态。以[109]为例,"一分钱"从数量上讲,是最少的,因此,是不可能有人抢的,但是,"他"抢了。在[111]中,"三百万"可谓一大笔钱,一般来讲,是不会有人嫌少的,但"他"嫌少。再以[102]为例,不是万不得已,人们是不必睡在防空洞里的。但是,"他"却由于某种原因在防空洞里睡觉。所以,"连……也/都"结构的使用,关键在于所要突出强调的内容。只要是出乎意料的、不可能或不应该发生的行为或状态,就可以用这一结构加以突出,而句子则既可以是否定形式,有时也可以是肯定形式。

现在让我们来对英汉语中的添加性焦点提示词语作一简略的比较。从词汇的角度看,英语中添加性焦点提示词语既有副词(如 either、also、too、even),也有介词词组(如 in addition)和副词词组(如 as well),而汉语中的添加性词语都是副词。但是,英语中的添加性词语都是单独使用的,而在汉语中,除了"也"和"还"可以单独使用外,"连"必须与"也/都"一起使用,形成"连……也/都"这样的框式结构,才能表示添加义,"甚至"可以单独使用,有时也可以同"也/都"连用,从而形成"甚至……也/都"这样的框式结构,而且"甚至"还可以用在"连……也/都"这样的框式结构之前,表示突出强调。这种现象是英语中所没有的。英语中的 even、also 和汉语中的"也"比较相似,它们都可用来强调突出各自之前或之后的内容,但是 even 在语句中的位置比较灵活,既可位于句中,也可以直接位于被强调的成分之前,also 多位于句中;而汉语中的"也"则总是位于句中。汉语中的"还"字也常位于句中,但与"也"不同,"还"只能强调其后的成分。另外,英语中的 too、as well 和 in addition 一般位于句末,强调其前的内容,但是,在个别情况下,这些词语也可以前移,但仍位于被强调成分之后,这是汉语中所没有的特点。英语中的 either 总是用于否定句,与 not 连用,位于句末。

5.2.4　否定性焦点提示词语

所谓否定,就是用否定性词语把语句中的某一成分加以否定,使之成为否定焦点。英语中具有否定作用的焦点提示词语主要有否定副词 not、never 和半否定副词 hardly、scarcely、seldom、rarely、barely 等。例如:

[112] I do*n't* smoke cigarettes. I only smoke a pipe.

[113] I advised him *not* to do anything illegal.

[114] I've *never* completely understood that.

[115] *Hardly* any information was given to anyone.

[116] *Scarcely* any wine has yet arrived, has it?

[117] I *seldom* get any sleep.

[118] *Barely* any arms were accumulated before the war.

[119] I *rarely* saw the clients in the factories. They usually came here.

以上例子表明,英语中的否定性焦点提示词语往往位于否定对象之前。由于否定焦点(the focus of negation)与否定范围(the scope of negation)密切相关,位于谓语动词之前的否定词,尤其是 not,常常造成否定对象的不确定性,从而引起歧义。为了便于讨论,我们将在 5.3 节详述否定焦点与否定范围的关系。

汉语中常用的否定性焦点提示词语主要有"不""没(有)"和"别"等。例如:

[120] 我知道自己丑,所以我很珍惜我所拥有的。我不折腾自己,也不折腾别人,绝不奢望不属于自己的东西。

[121] 那个西红柿不红。

[122] 第二次,他在正义路街心花园等她,石板还没坐热,就见"她欢蹦乱跳地下了车,挺喜庆的朝我跑来"。……第三次,可没那么浪漫。约定七点半见,可王立华抽了整整一盒烟,望眼欲穿,也没见李素丽的影子。

[123] 我没有看见你的钢笔。

[124] 我们别去那儿。

从以上各例可以看出,汉语中的否定性焦点提示副词也常常出现在否定焦点之前。同英语中的 not 一样,如例[113]所示,汉语中的"不"字也可不出现在谓语动词之前,而直接用在否定对象之前。例如:

[125] 他想使你心里不感到难受。

[126] 她决定不去。

英语和汉语中还有一种比较相似的情况。当某些修饰性状语出现在否定词和谓语动词之间时,否定焦点往往就是这些修饰性状语,如[127a]—[131a]所示。但是,当修饰性状语位于否定词之前时,否定焦点就不是修饰性状语,而是否定词之后的谓语部分,如[127b]—[131b]所示。这些现象显然与否定范围有关(详见5.3.3)。

[127a] I did*n't* deliberately lock the door.

[127b] I deliberately did*n't* lock the door.

[128a] She did*n't* definitely speak to him.

[128b] She definitely did*n't* speak to him.

[129a] 他不天天上班。

[129b] 他天天不上班。

[130a] 我没实实在在地告诉他。

[130b] 我实实在在地没告诉他。

[131a] 你别在办公室里睡觉。

[131b] 你在办公室里别睡觉。

英语中的 not 有时可以出现在主语部分,构成局部否定,如例[132]—[133]所示,而汉语中的否定副词"不"和"没"则不能。

[132] *Not* a soul was to be seen.

[133] Although autumn was well advanced, *not* a leaf had fallen from the trees.

5.3 焦点提示词语的语义范围与信息焦点

从上述几节中可知,无论是在英语中还是在汉语中,大多数焦点提示词语一般都能够明确地标示出所要强调的焦点。然而,有些焦点提示词语,尤其是那些典型的焦点提示词语,如英语中的 only、also、even、too、not 和汉语中的"只""也""还""不""没(有)",在某些情况下,可能会引起歧义。也就是说,语句中有可能受到强调而成为信息焦点的成分不是唯一的,而是不止一个成分具有成为信息焦点的可能性。这种语言现象同这些焦点提示词语的语义范围(semantic scope)密切相关。

夸克等学者在谈到语义范围问题时指出,语义范围就是这类词语"对句子中相邻部分所产生的语义'影响'"(Quirk, et al. 1985:85)。在谈到 also、only、even 等焦点提示词语时,他们还认为,这类词语"具有把自己的意义施加到长短和位置各不相同的几个单位上去的特性"(Quirk, et al. 1985:86)。这就充分表明,语义范围和信息焦点的关系十分密切,而且信息焦点一定在语义范围之内。也就是说,在语义范围内的成分都有被标示为信息焦点的可能性。

以下几节就来讨论英汉语中焦点提示词语的语义范围与它们所强调的对象(即信息焦点)之间的关系,并对英汉语中所表现出的异同加以对比。

5.3.1 排他性词语的语义范围和信息焦点

这一节讨论英语中的 only 和汉语中的"只"这两个典型的排他性副词。我们首先要分别讨论它们各自的语义范围与信息焦点的关系,然后对它们在这方面所表现出的异同加以对比。

作为英语中典型的排他性焦点提示副词,only 在语句中的位置比较灵活,既可位于它所强调的焦点之前或之后,也可位于谓语动词之前(参见 5.2.1)。当 only 出现在谓语动词以外的其他成分之前或之后时,只有紧挨着它的成分才能被 only 提示出来成为信息焦点,如 5.2.1 节中例[8]—[9]。在这种情况下,only 的语义范围只包括它之前或之后的一个句子成分,也只有这一个句子成分才是 only 所强调的对象,因此,不会造成歧义。

然而,在《英语用法调查》(*The Survey of English Usage*)语料库中有关 only 的例句中,大约有一半 only 是放在句子的中位位置上(Quirk, et al. 1985：606)，即放在谓语动词之前。因此，当 only 取中位而出现在谓语动词之前时，only 的语义范围，一般来讲，从句子的主语开始，延伸至 only 所在的分句句末或到含有转折意义的成分之前。例如：

[134] John *only* <u>bought beer in the supermarket</u>.（语义范围以下加横线表示，下同。）

[135] I *only* <u>know Tom</u> besides you.

[136] I've *only* <u>visited there twice</u> since 1 graduated from the college.

如前所述，处在 only 的语义范围之内的成分都有受到 only 的强调而成为焦点的可能性，从而造成句子的多种理解，引起歧义。以[134]为例，此句至少可以有以下四种解释，也就是说，除 only 之外的其他四个成分都有可能被 only 提示出来，强调其唯一性，而排除别的可能性。

[134a] 〈John〉 *only* bought beer in the supermarket.（焦点提示词语仍以斜体表示，被突出的焦点成分用尖括号"〈 〉"表示，下同。）

[134b] John *only* 〈bought〉 beer in the supermarket.

[134c] John *only* bought 〈beer〉 in the supermarket.

[134d] John *only* bought beer 〈in the supermarket〉.

由此可以看出，[134a]—[134d]各句所表达的语义是各不相同的，所以，像[134]这样的句子是一种歧义句。但是，这种歧义句，在一定条件下，只能作一种解释，而不能在同一条件下有多种解释。在口头英语中，调核在语句中的位置往往就是信息焦点之所在。因此，[134b]—[134d]可分别表示为[134b′]—[134d′]。

[134b′] John *only* 〈"bought〉 beer in the supermarket.

[134c′] John *only* bought 〈"beer〉 in the supermarket.

[134d′] John *only* bought beer 〈in the "supermarket〉.

在口头英语中，如果 only 所强调的对象是紧挨着它前面的主语，调核则落在 only 本身之上。

[134a′] 〈John〉 "*only* bought beer in the supermarket.

同样，如果这类歧义句用于一定的上下文中，由于上下文的语义限制，只能选取其中的一种解释，从而消除歧义。在例[137]中，

[137] I *only* <u>smoke a pipe</u>.

整个语句都在 only 的语义范围之内, 主、谓、宾三个成分都有可能受到 only 的强调, 而造成歧义。但是, 在例[138]这一语境中, 能够被 only 提示出来成为信息焦点的只能是 a pipe, 而不能是其他成分。再比如, 若把例[139]分别用于[140]—[142]这些上下文中, only 只能分别将 see、his wife、from the doorway 加以突出强调, 使其成为各自上下文中的对比焦点。

[138] — Would you smoke a cigarette?

    — No, thank you. I don't smoke cigarettes. I *only* smoke ⟨a pipe⟩.

[139] John could *only* see his wife from the doorway.

[140] John could *only* ⟨see⟩ his wife from the doorway, but he could not talk to her.

[141] John could *only* see ⟨his wife⟩ from the doorway, but he could not see her brother.

[142] John could *only* see his wife ⟨from the doorway⟩, but he could not see her from further inside the room.

only 对其相邻成分的语义影响有时会受到一定的限制。当 only 位于助动词或情态动词和谓语动词之间时, only 不能跳过它之前的助动词或情态动词去突出强调语句的主语(Taglicht 1984: 77)。试比较以下两组句子。

[143a] ⟨You⟩ *only* can guess (i. e. no one else can).

[143b] You can *only* ⟨guess⟩ (i. e. you can do no more).

[144a] ⟨They⟩ *only* have complained (i. e. others haven't).

[144b] They have *only* ⟨complained⟩ (i. e. they have done nothing else).

在这两组句子中, a 句中的 only 可以从后面将其前的主语突出出来, 而 b 句中的 only, 由于它之前有了 can 和 have, 则不能越过它们去突出主语。另外, 在英语中, 如果 only 用以强调主语, only 直接出现在主语之前则更为常见, 因此, [143a′]—[144a′]常常用来代替[143a]—[144a]。

[143a′] *Only* ⟨you⟩ can guess.

[144a′] *Only* ⟨they⟩ have complained.

当然,一旦 only 位于句首,其语义范围只包括它后面的主语,而不能再延伸。例如:

[145] *Only* ⟨you⟩ could do a thing like that.

[146] *Only* ⟨my mother⟩ really understands me.

应当注意的是,only 取中位时,如果它所在的分句之后跟着一个由 when 或 because 引导的分句,only 的语义范围有可能越过分句的界限,把位于句末的状语分句包括在语义范围之内。例如:

[147] She *only* talks like that when she's nervous.

[148] It is *only* right because it is customary.

既然这种由 when 和 because 引导的分句处于 only 的语义范围之内,only 往往倾向于将这类分句提示出来,加以突出,如[147a]—[148a]所示。

[147a] She *only* talks like that⟨when she's nervous⟩.

[148a] It is *only* right⟨because it is customary⟩.

即使如此,当 only 用以强调位于句末的这类分句时,更常用的方式是把 only 直接放在此类分句之前,使得 only 所要突出强调的对象更加明确,也更符合英语中的末尾焦点原则(principle of end focus)。

[147b] She talks like that *only* ⟨when she's nervous⟩.

[148b] It is right *only* ⟨because it is customary⟩.

以上叙述表明,取中位的 only 可以将处在它的语义范围内的任何成分标示为焦点,这就造成了焦点的不确定性。那么,如何确定 only 所可能提示出的焦点呢? 方法有二。第一,可以借助末尾焦点原则来确定焦点成分。在英语中,句子中的重要信息通常放在句末,因此,在 only 取中位的句子中,位于末位的成分,尤其是表示地点或时间的状语成分,成为 only 所要强调的对象,即信息焦点的可能性最大。例如:

[149] The body of the church could *only* at that time be lit ⟨by candles⟩.

[150] The bus *only* runs ⟨on Tuesdays⟩.

[151] We were *only* supposed to meet ⟨for a few minutes⟩, but we

talked for over an hour.

[152] I *only* saw the clients ⟨in my office⟩. They usually came here.

[153] John *only* lives ⟨in Islington⟩.

第二,可以借助于某些词汇来确定 only 所要突出的成分。如果句中的某一成分含有数量词或不定代词,only 往往倾向于将这类成分加以强调,使之成为焦点。例如:

[154] I *only* met him ⟨at one of the lectures⟩.

[155] It *only* took ⟨thirty seconds⟩.

[156] He has *only* been here ⟨two or three times⟩.

[157] Jean, I've *only* finished doing ⟨some of the exercises⟩.

汉语中典型的排他性焦点提示词语是副词"只"。作为典型的排他性副词,"只"在语句中的常位是出现在谓语之前,当"只"位于其他成分之前时,"只"的语义范围就只包括紧随其后的那个成分,而这一成分毫无疑问就是"只"所要突出的焦点,如 5.2.1 节中的例[13]所示。当"只"位于谓语之前时,"只"的语义范围从"只"本身开始,一直延伸到分句句末或具有转折意义的成分之前。例如:

[158] 那年冬天,白春礼等人在寒冷的地下室里开始了 STM 技术的研究。他们每天只睡四五个小时,紧张时一天只吃一顿饭。

[159] 她的愿望只达到了一半。

[160] 你只看到事情的一方面就下结论,太片面了。

[161] 这件工作只能慢慢地做,不能操之过急。

[162] 他懂一点儿汉语,可是只会说,不会写。

在例[158]—[160]中,"只"所强调的是含有数量词的成分,分别是"四五个小时""一顿饭""一半""事情的一方面"。这是一种趋小强调,说明强调对象大大低于正常的标准或情况,如在[158]中,"只"字强调的是白春礼等科学家,因为忙于 STM 技术的研究,睡眠时间大大少于一般的每天八个小时,用餐次数也比每天的正常次数——三次,少得多。而在例[161]—[162]中,根据上下文,"只"所突出的分别是副词"慢慢地"和动词"说"。

以上分析表明,凡是在"只"的语义范围之内的成分,都有成为焦点的

可能性,这样就容易造成歧义。例如:

[163] 我只借给他一本俄文书。

[163a] 我只借给他一本〈俄文书〉。

[163b] 我只借给他〈一本〉俄文书。

[163c] 我只借给〈他〉一本俄文书。

[163d] 我只〈借〉给他一本俄文书。

[164] 他只买了三本航海专业的书。

[164a] 他只买了三本航海专业的〈书〉。

[164b] 他只买了三本〈航海专业的〉书。

[164c] 他只买了〈三本〉航海专业的书。

[164d] 他只〈买〉了三本航海专业的书。

当然,这种所谓的歧义句只是说明"只"字具有将处在它的语义范围内的任何成分标示为信息焦点的可能性。这类句子一旦用于一定的上下文之中,歧义就消失了。这就是说,在上下文中,"只"字只能把处于它的语义范围内的成分之一加以突出强调,而非全部。因此,例[163]—[164]在下列上下文中就不再有歧义了。

[163a′] 我只借给他一本〈俄文书〉,没借给他英文书。

[163b′] 我只借给他〈一本〉俄文书,没借给他两本。

[163c′] 我只借给〈他〉一本俄文书,没借给别人。

[163d′] 我只〈借〉给他一本俄文书,不是送给他。

[164a′] 他只买了三本航海专业的〈书〉,没买航海专业的杂志。

[164b′] 他只买了三本〈航海专业的〉书,没买其他专业的书。

[164c′] 他只买了〈三本〉航海专业的书,没多买。

[164d′] 他只〈买〉了三本航海专业的书,但没有看。

在口语中,可以利用调核来明确标示出信息焦点,从而排除这类句子的歧义。

[163a″] 我只借给他一本〈"俄文书〉。

[163b″] 我只借给他〈"一本〉俄文书。

[163c″] 我只借给〈"他〉一本俄文书。

[163d″] 我只〈"借〉给他一本俄文书。

［164a″］他只买了三本航海专业的〈"书〉。

［164b″］他只买了三本〈"航海专业的〉书。

［164c″］他只买了〈"三本〉航海专业的书。

［164d″］他只〈"买〉了三本航海专业的书。

需要说明的是，"只"的语义范围内如果出现含有数量词的成分，"只"字倾向于把这一成分提示出来加以突出，强调其数量少，即上文所说的趋小强调。例如：

［165］另据北京的一项调查分析：文化较高的工薪人员每月书报费70元以上者占1/4，而文化较低的群体却只占〈4.8%〉，不同的文化素质形成差异很大的文化消费需求。

［166］估计我的话老爹最多听懂百分之四十，老太婆大概只能听懂〈百分之一、二、三〉。

［167］多位数中出现几个空位，在口语中也只用〈一个"零"字〉。

如果"只"的语义范围内出现状语性成分，"只"字往往也倾向于将其提示出来，加以强调。例如：

［168］各家对语言与逻辑的关系看法颇有分歧。有一派学者认为自然语言本质上是不精确、不完善、不合逻辑的，不宜用来进行系统的推理和科学讨论，所以只能〈人为地〉建立严密的逻辑系统来代替自然语言。

［169］这件工作只能〈慢慢地〉做，不能操之过急。

就语义范围而言，英语的 only 和汉语的"只"之间有同有异。所同的是，当它们位于谓语动词以外的其他成分之前时，它们的语义范围是一样的，即只包括它们之后的那个成分，并对其加以强调，但是，英语的 only 可以直接出现在主语之前，汉语的"只"字则不能。所异的是，当它们位于谓语动词之前时，only 的语义范围是从主语开始，到句末为止，而"只"的语义范围则始自它本身，止于句末。这就说明，英语的 only 比汉语的"只"字的语义范围要大。only 可以从后面对它之前的主语施加语义影响，而"只"则不能。另外，英语中 only 的语义范围有时可以超越分句的界限，从而把处于末位的由 when 或 because 引导的从句包括在内，并使之得到强调，而汉语中"只"字的语义范围只局限于它所在的分句之内。

如前所说,信息焦点一定处在语义范围之内。这一点完全适于英语的 only 和汉语的"只",凡是在它们的语义范围之内的成分,都可能成为被突出强调的对象。在这样的情况下,only 和"只"表现出一种类似的倾向:如果在它们的语义范围内出现状语性成分或带有数量词的成分,only 和"只"均倾向于对这类成分加以强调,使其成为焦点。

5.3.2 添加性词语的语义范围和信息焦点

较为典型的添加性焦点提示副词,英语中有 also、even 和 too,汉语中有"也"和"还"。这一节就分别讨论这些副词的语义范围与焦点的关系,并试图找出英汉语在这方面的异同。

英语中的 also 在句子中的常位是中位,即位于谓语动词之前,但也可以出现在其他位置上。在后一种情况下,also 的语义范围只包括紧随其后的成分,also 所要突出的就是这一成分。例如:

[170] John has seen it *also* 〈near his back door〉.

当 also 取中位时,情况就不同了,其语义范围要大。如果出现在谓语动词之前,also 的语义范围始于句首,止于句末。例如:

[171] John *also* phoned Mary today.

由[171]可以看出,整个句子都在 also 的语义范围之内,因此,also 可以将其语义影响施加在 John、phoned、Mary 或 today 之上,使之成为焦点。这就使得[171]产生多种理解,如[171a]—[171d]所示。

[171a] 〈John〉 *also* phoned Mary today.

[171b] John *also* 〈phoned〉 Mary today.

[171c] John *also* phoned 〈Mary〉 today.

[171d] John *also* phoned Mary 〈today〉.

[171a]—[171d]表明,由于 also 的语义影响,句[171]中除 also 自身之外的其他四个成分都有被标示为焦点的可能性,从而造成歧义。然而,在口语中,also 所突出的焦点成分总是同调核所提示出的焦点成分相一

致,因此,不会产生歧义。[171b]—[171d]可分别表示为[171b′]—[171d′]。

[171b′] John *also* ⟨"phoned⟩ Mary today.

[171c′] John *also* phoned ⟨"Mary⟩ today.

[171d′] John *also* phoned Mary ⟨to"day⟩.

如果 also 所突出的焦点为它之前的主语时,调核一般落在 also 本身之上,而不是落在主语之上。[171a]可表示为[171a′]。

[171a′] ⟨John⟩ "*also* phoned Mary today.

除了口语中可运用调核来确定 also 所要强调的焦点外,还可运用非语音手段来达此目的。添加性焦点提示副词的使用,往往要涉及两个表述。这两个表述可体现为两个句子或分句,而添加性副词总是出现在后一个句子或分句中。例如:

[172] I like classical music, but I *also* like jazz.

为了便于讨论,我们可以把用了添加性副词的句子或分句叫作"本句",而把前面的句子或分句称为"先行句",如[172]中的"I like classical music"为先行句,"but I also like jazz"为本句。

一般来讲,先行句同本句中的各句子成分是整齐对应的,如[172]所示,即使出现省略,也是可以补足的。例如:

[173] She sings, and *also* paints sometimes.

在[173]的本句中就省略了同先行句主语相同的 she。先行句和本句中相互对应的各句子成分可称为相互对应的"项"。其中有些项是相同的或相关的,有些项则是不同的。前者可称为同项,后者则可叫作异项。但是,先行句和本句至少应有一个同项,也至少应有一个异项。否则,如果先行句和本句包含的都是同项或者全是异项,句子都将是不能成立的。这是因为,添加性副词所表示的"添加"义,是在先行句的句义基础上,"添加"上本句中异项所负载的内容,使之成为焦点。如果先行句和本句只包含同项,则没有什么新内容可以增添;如果先行句和本句中各项都是异项,则无所谓添加,因为本句中的各项均为新内容,无法表明哪一项可以添加在先行句的句义上。

因此,如果给句[171]补上下列相应的先行句,also 就可明确地将本句内的异项标示为焦点。

[171a″] Tom phoned Mary today, and 〈John〉 *also* phoned her
　　　　 (=Mary) today.

[171b″] John wrote to Mary today, and he *also* 〈phoned〉 her today.

[171c″] John phoned Jane today, and he *also* phoned 〈Mary〉 today.

[171d″] John phoned Mary yesterday, and he *also* phoned her 〈today〉.

在[171a″]—[171d″]中,本句中的异项分别为 John、phoned、Mary 和 today,分别与先行句中的 Tom、wrote、Jane 和 yesterday 形成对比,从而成为[171a″]—[171d″]中的焦点。这就说明,整个本句全部包含在 also 的语义范围之内,本句中的各项均有可能成为焦点,但是,焦点只能建立在先行句的句义基础之上。这就是说,添加性副词 also 等只能把本句中的异项提示出来,使之成为焦点。例如:

[174] Another leading industry in this country is shipbuilding. 〈The
　　　 motor industry〉 is *also* very flourishing.

本句中的“the motor industry”为异项,与先行句中的 shipbuilding 相对。在此例中,also 只能把异项“the motor industry”提示为焦点。同样,在[172]和[173]中,焦点分别为各自的异项 jazz 和 paints。

与 also 不同,添加性副词 too 在句子中的常位是末位,其语义影响可以施加在句子中的任何成分上。如果被突出的焦点为句子的主语,too 也可以直接出现在主语之后。因此,too 的语义范围可以表述为:从 too 本身开始向后延伸,到句首为止。例如:

[175] I enjoy Cantonese Opera, *too*.

[176] I *too* thought he looked ill.

在[175]中,too 的语义范围包括位于它左边的整个句子中的全部内容,因此,各个成分都有可能成为 too 的突出对象,成为焦点。而在[176]中,只有主语 I 在 too 的语义范围之内,因此,可能成为焦点的也只有 I。所以,像[176]这样的句子不会造成理解上的困难,不会引起误解;而像[175]那样的句子,当 too 位于句末时,可能引起歧义。这是因为,too 的语义范围在[175]中要比在[176]中大得多。语义范围越大,引起歧义的可能性就越大。在[176]中,too 的语义影响只能作用在主语 I 之上,而在[175]中,too 可将其语义影响施加在 Cantonese Opera、enjoy、I,甚至"enjoy Cantonese Opera"之上,如下所示。

[175a] I enjoy 〈Cantonese Opera〉, *too*.

[175b] I 〈enjoy〉Cantonese Opera, *too*.

[175c] 〈I〉enjoy Cantonese Opera, *too*.

[175d] I 〈enjoy Cantonese Opera〉, *too*.

作为添加性副词,too 同 also 一样,也涉及两个表述,也总是出现在本句中,也是在先行句的句义基础上,添加上本句中的异项所负载的内容,使异项成为焦点。所以,如果[175]作为本句,用在以下几个先行句之后,too 要突出的焦点只能是本句中那个与先行句内容不同的异项。

[177] I enjoy Beijing Opera, and I enjoy 〈Cantonese Opera〉, *too*.

[178] I enjoy Cantonese Opera, and I 〈write〉Cantonese Opera, *too*.

[179] He enjoys Cantonese Opera, and 〈I〉enjoy Cantonese Opera, *too*.

[180] I like to read poems, and I 〈enjoy Cantonese Opera〉, *too*.

在[177]—[180]中,too 所提示出的焦点分别是异项 Cantonese Opera、write、I 和 enjoy Cantonese Opera。再例如:

[181] They like swimming. 〈My children〉 like swimming, *too*.

[182] — Do you understand English?

　　 — Yes, and I 〈speak〉it, *too*.

[183] Mrs Green: Do they sell stamps here, then?

　　 Mr Green: Yes, dear, they do. And they have 〈a phone box〉 here, *too*.

在[181]—[183]中,异项分别为 my children、speak 和 a phone box。它们就是 too 在这几例中所分别提示出的焦点。

同 also 一样,too 的语义范围也只限于它所在的本句之内。与 also 不同的是,由于 too 一般位于焦点成分之后,所以,在口语中 too 往往是调核所在的位置。

我们要讨论的另一个添加性词语是副词 even。even 在句中的位置较

为灵活,可以直接出现在它所要强调的焦点成分之前。例如:

[184] Anybody can do this. *Even a child* could do it.

[185] He'll eat anything—*even raw potatoes*.

[186] You've got to work every day, *even on Sundays*.

如[184]—[186]所示,even 分别直接用在主语、宾语和状语之前。在这种情况下,even 只能将它之后的成分,如[184]—[186]中的 a child、raw potatoes 和 on Sundays 加以强调,使其成为焦点。如果 even 直接出现在焦点成分之前,even 的语义范围属于窄范围(narrow scope),只包括紧随其后的那一个成分,焦点也就非这一成分莫属,当然就不可能引起歧义。

但是,当 even 取中位,出现在谓语动词之前时,even 的语义范围始自它所在的句子或分句的主语,一直延伸到句末为止(参见 Jackendoff 1972: 248‐252)。这样,取中位的 even 的语义范围要比上述的窄范围宽得多,可称作宽范围(wide scope)。所谓宽范围,就是 even 能够对其施加语义影响的成分不止一个,而是从主语到句末的各个成分都有可能受到 even 的语义影响而成为焦点。正是因为如此,even 取中位时,往往会导致歧义。例如:

[187] John *even* gave his daughter a new bicycle.

正如[187]中的横线所示,整个句子都处在 even 的语义范围之内,除了 even 自身之外的其他几个成分都有可能成为焦点,所以,[187]至少可以有如下四种解释。

[187a] 〈John〉 *even* gave his daughter a new bicycle.

[187b] John *even* 〈gave〉 his daughter a new bicycle.

[187c] John *even* gave 〈his daughter〉 a new bicycle.

[187d] John *even* gave his daughter 〈a new bicycle〉.

[187]的歧义问题,如果是在口语中,则不会出现。在口头英语中,同 also 一样,如果 even 强调的是它之前的主语,调核往往落在 even 之上,如[187a′]。

[187a′] 〈John〉 "*even* gave his daughter a new bicycle.

如果 even 强调的是它之后的成分,调核则落在该成分之上,如 [187b′]—[187d′]。

[187b′] John *even* ⟨"gave⟩ his daughter a new bicycle.

[187c′] John *even* gave ⟨his "daughter⟩ a new bicycle.

[187d′] John *even* gave his daughter ⟨a new "bicycle⟩.

当 even 取中位时,其语义范围也不能超越它所在的分句的界限。但是,even 有时可以直接出现在从句之前,形成窄范围,从而强调整个分句。例如:

[188] She always wrote an encouraging remark, *even* ⟨when the essay paper was poor⟩.

同其他添加性副词 also、too 一样,even 在实际运用中,也牵涉到两个表述,而且总是用于本句(即第二个句子或分句)之中。even 所表示的添加意义就是把本句中异项的内容添加在先行句的句义之上,使本句中的异项成为焦点。例如:

[189] My father won't give me the money. He won't *even* ⟨lend⟩ it to me.

[190] He's done everything. He's *even* been ⟨a racing driver⟩.

[191] She got very angry; she *even* ⟨told me to go out of the house⟩.

在[189]中,本句中的异项为谓语动词 lend,与先行句中的谓语动词 give 形成对比,even 所突出的焦点就是异项 lend。在[190]和[191]中,本句中的异项似乎没有[189]中的异项那么明显,其实,even 所要强调的是某种特殊的、异常的事情或令人吃惊的行为,这也正是 even 与 also、too 的不同之处。在[190]中,even 把"当过赛车手"这一特殊异常之事标示为焦点,表明主语"他"不同于一般的人。在[191]中,"她生气"可以理解,但是"她要我出去"却令人吃惊、令人费解,even 就把这一行为加以强调,以此说明"她"气愤至极,而做出了令人难以理解之事。

虽然 also、too 和 even 都是添加性副词,但它们表示的添加义是不完全一样的。also 和 too 表示的是"同中有异"或"异中有同",添加上去的内容与先行句所表示的内容大体是处于同一层次上的,相互大体是"平行"的。even 的词义包含了"进一步"的意思,它在本句中所标示出的异项要比先行句中的异项更进一步,如[189]中的 lend 就比 give 进了一步。因此,even 所表示的"添加",是递进性的添加。换句话说,本句所表示的情况是"高"于先行句所表示的情况的,用一个逻辑学的术语来说,就是前者蕴涵(用 ⊃ 表示)了后者,即先行句有被本句蕴涵的性质(徐盛桓 1996c:2)。因此,例[184]和例[189]的本句和先行句之间的蕴涵关系可分别表示为[192]和[193]。

[192] A child can do this ⊃ anybody can do this

[193] My father won't lend me the money ⊃ my father won't give me the money

正是由于 even 所表示的递进性添加义,才使 even 常常用来表示特殊异常的事情或令人吃惊的事情,所以,在这种情况下,even 不能由 also 或 too 替换。如若替换,句子将是不可接受的。如:

[189a] *My father won't give me the money. He won't *also/too* lend it to me.

[190a] *He's done everything. He's *also/too* been a racing driver.

[191a] *She got very angry; she *also/too* told me to go out of the house.

在汉语的添加性焦点提示副词中,"甚至"和"连……也/都"往往直接出现在焦点成分之前,它们的语义范围一般只包括紧随其后的那一成分。例如:

[194] 经研究发现,人们睡着以后大约有四分之一的时间在梦境中度过,而且还发现做梦时眼球会跳动,连〈婴儿〉也是这样。

[195] 最新型的一种旅行车比公共汽车略小,内设卧室、客厅、浴室、书房和厨房,配有空调、暖气、洗衣机、微波炉、无线电话、传真机、电视机、音响,甚至〈人造卫星导航系统〉。

在[194]和[195]中,"甚至"和"连……也/都"的语义范围是窄范围,只包括焦点部分。在[194]中"连……也"提示出的焦点为"婴儿"。在[195]中"甚至"提示出的焦点为"人造卫星导航系统"。所以,"甚至"和"连……也/都"一般不会导致歧义,这里就不再详述了。

添加性副词"也""还"同"甚至"和"连……也/都"不一样,"也"和"还"往往要涉及两个表述,而且总是用于本句(参见5.2.3)。"也"和

"还"虽然都是把本句中的异项所负载的内容作为新信息添加在先行句的句义之上,但是,它们的语义范围并不完全相同。"也"字往往位于本句谓语动词之前,其语义范围从本句句首成分开始,一直延伸到本句句末。现以一个孤立的带"也"句为例:

[196] 我们也去北京参观访问。

其中"我们""北京""参观访问"都在"也"字的语义范围之内,都有可能受到"也"字的语义影响,而成为焦点,分别表示如下:

[196a]〈我们〉也去北京参观访问。
[196b] 我们也去〈北京〉参观访问。
[196c] 我们也去北京〈参观访问〉。

因此,从某种意义上说,孤立的带"也"句是一种歧义句。这是一种特殊的歧义现象,说明了凡是在"也"字的语义范围之内的成分,都有被提示为焦点的可能性。但是,带"也"的分句一旦同其先行句结合起来使用,"也"字只能将几种可能性之一,即本句中的异项提示出来,加以强调,这种歧义就随之消失了。例[196]如果用于[196a′]—[196c′],"也"字的语义影响可分别施加在"我们""北京""参观访问"上。

[196a′] 你们去北京参观访问,〈我们〉也去北京参观访问。
[196b′] 我们去上海参观访问,(我们)也去〈北京〉参观访问。
[196c′] 我们去北京开会,(我们)也去北京〈参观访问〉。

在[196a′]—[196c′]中,本句的异项"我们""北京""参观访问"分别与先行句中的"你们""上海""开会"形成对比,"也"字就是把这三个异项分别标示为焦点的。再如:

[197] 他对这位朋友说,自从退休以后,身体状况一天不如一天,〈精神状态〉也不如从前了。
[198] 他们对大兵团式国有书店的正规进货渠道了如指掌,〈对游击队式书报摊的进货门道〉也全盘通晓。
[199] 昨天我们不办公,〈今天〉我们也不办公。
[200] 历史赋予社会科学新的发展机遇,历史也对社会科学提出〈严峻的挑战〉。

例[197]—[200]中本句的异项,也就是"也"字所提示出的焦点,分别为"精神状态""对游击队式书报摊的进货门道""今天""严峻的挑战"。这些异项分别同先行句中的"身体状况""对大兵团式国有书店的正规进货渠道""昨天""新的发展机遇"相对应,构成对比。值得一提的是,"也"字有时可以超过主语,对位于本句句首的状语(尤其是时间状语)产生语义影响,使其得到强调,成为焦点。句[199]就是一例,本句句首的时间状语"今天"为异项,"也"字将其提示出来,加以突出,在先行句"昨天我们不办公"这一事实基础上,添加上"我们不办公"的时间还有其他时间:今天。因此,"今天"就是新信息,是"也"字在[199]中所提示出的信息焦点。

添加性副词"还"同"也"一样,往往位于本句谓语动词之前,但"还"字的语义范围略小于"也"字的语义范围。一般来讲,"还"字的语义范围从它本身开始,一直延伸到本句句末。例如:

[201] 他还吟诵了这首诗。

在此句中,"还"字既可以对"这首诗"产生语义影响,也可以对"吟诵"产生语义影响,如[201a]—[201b]所示。

[201a] 他还吟诵了〈这首诗〉。

[201b] 他还〈吟诵〉了这首诗。

但是,这两个可能的焦点在[201a′]—[201b′]中,由于有先行句的参照,只能是其中之一。

[201a′] 他吟诵了那首诗,(他)还吟诵了〈这首诗〉。

[201b′] 他写了一首诗,(他)还〈吟诵〉了这首诗。

在[201a′]中,本句中的异项是"这首诗",同先行句中的"那首诗"构成对比;在[201b′]中,本句中的异项为"吟诵",同先行句中的"写"形成对比。因此,在[201a′]中,焦点只能是"这首诗",而在[201b′]中,焦点只能是"吟诵"。再例如:

[202] 这样做有利于国家,还有利于〈个人〉。

[203] 孩子们在黑板上写字,还〈在练习本上〉写。

[204] 这次高级的重要会谈的翻译分别由冀朝铸和唐闻生同志担任,他们熟练、高水平的翻译技巧获得美方的好评。唐闻生还

担任〈答谢宴会上尼克松总统长达 20 分钟的即席讲话的翻译〉。

[205] 尼克松夫人殷勤招待我们品尝美国各种名酒和小点心,并向我们了解中国的风土人情,烹调技术,还〈学讲几句中国话〉。

在[202]—[205]中,"还"所标示出的焦点成分分别为各例本句的异项,"个人""在练习本上""答谢宴会上尼克松总统长达 20 分钟的即席讲话的翻译"和"学讲几句中国话"。

至此,我们粗略地讨论了英汉语添加性焦点提示副词的语义范围,并说明了凡是在这类副词的语义范围之内的成分,都有被提示出来加以强调而成为焦点的可能性。这是可以对英汉语中这类词语进行对比的基础。英语和汉语中都有添加性焦点提示副词,但是,这些词语在英汉两种语言中既表现出了相同之处,也表现出了相异之处。相同之处在于,无论是在英语还是在汉语中,添加性副词都要涉及两个表述,而且这类副词都是用于本句之中,将本句中的异项所负载的内容作为新信息,添加在先行句的句义之上。

所异之处在于这类词语的语义范围方面。首先,英语中的添加性副词 also、too 和 even 在句子中的位置相对比较灵活,既可形成较宽的语义范围,也可形成较窄的语义范围。如果 also 和 even 位于本句的谓语动词之前,too 位于本句句末,它们的语义范围包括整个本句,为宽范围;如果它们出现在其他位置上,即 also、even 直接位于焦点成分之前,too 直接位于焦点成分之后,它们的语义范围则只包括这一成分,为窄范围。汉语中的添加性副词"也""还""甚至"和"连……也/都",在句子中的位置相对比较固定,因此,其语义范围要么是宽范围,要么是窄范围。"也"和"还"往往位于本句的谓语动词之前,"也"字的语义范围从本句句首到本句句末,"还"字的语义范围从自身开始,到本句句末,均为宽范围。而"甚至"和"连……也/都"则往往形成窄范围,即只包括紧跟在"甚至"和"连"之后的那个成分。

其次,即使是宽范围,英汉语也不尽相同。英语中的 also、too 和 even 的语义范围虽然包括它们所在的本句,但是,它们的语义范围都不能包括本句主语之前的成分。而在汉语中,"也"字有时可以将其语义影响施加在本句主语之前的成分之上,如例[199]所示;可是,汉语"还"字的语义范围略小,只能从自身开始,到本句句末,不能包括其前的成分。

另外,我们在讨论添加性副词时曾说到这类副词往往要涉及两个表述。我们把添加性副词所在的句子或分句叫作本句,而把本句之前的句子或分句叫作先行句。一般来讲,先行句和本句是共现的,而且先行句和本句的各项基本上是整齐对应的。但是,在语言的实际运用中,我们常常会碰到只有本句而无先行句的情况。这可理解为本应由先行句表达的内容,已隐含在上文或语境之中,不必再用先行句的形式表达出来(参见徐盛桓 1994a),因此,只出现了本句。这种情况在英语和汉语中都有。先举一个汉语例子:

[206] 现在不是主张于人际交往中实行忌语么? 我看,出于文明礼貌,〈避免将别人的名字念错、印错和写错〉,也应属忌语中的一条。

在[206]中,隐含在上文中的先行句可能是,"在人际交往中,某些言语形式或语句应属于忌语",那么,避免将别人的名字念错、印错和写错,也应属于忌语。下面是一个英语例子。

[207] Betty: I wish I could say the same. But does it wash as well as the old one? You always said how well the old one washed.

Jean: Yes, it really does. As a matter of fact I think for some things it's even better. The heavier things. You know, like sheets. And I *even* tried 〈a blanket〉 in it.

在[207]的上文,Betty 和 Jean 一直在谈论用一台老洗衣机洗衣物之事。Jean 认为这台老洗衣机的洗涤效果很好,而且洗一些较重的衣物时,洗得更好。这些可以看作是隐含在上文的内容,是本应由先行句所表达的内容。而最末一句"And I even tried a blanket in it"则是依据上文内容而形成的无对应先行句的本句,其中的添加性副词 even 所提示出的异项,即焦点为 a blanket。

5.3.3 否定性词语的语义范围和信息焦点

否定性词语的语义范围可简称为否定范围。否定范围就是否定词的否定语义能够起作用的范围。在否定范围内,受到否定词的否定语义影响的部分,或称被否定词否定的部分,可叫作否定焦点。

本节仅讨论英语中的否定副词 not 和汉语中的否定副词"不""没(有)"。英语中的 not 和汉语中的"不"都可出现在谓语部分,即谓语动词之前,而且还可以出现在其他位置上。例如:

[208] Laurence told her *not* ⟨to worry⟩.

[209] He waited contentedly, *not* ⟨trying to peep at her⟩.

[210] *Not* ⟨a soul⟩ was to be found.

[211] 他想使你心里不⟨感到难受⟩。

[212] 他讲得不⟨清楚⟩。

以上例子表明,如果 not 和"不"不是用在谓语动词之前,而是用在其他成分之前,not 和"不"所否定的就只能是其后的成分。在这种情况下,not 和"不"的否定范围应属于窄范围,仅包括紧随其后的成分,not 和"不"的否定语义只能影响这一成分。所以,在[208]—[212]中,否定焦点分别是 not 之后的 to worry、trying to peep at her、a soul 和"不"之后的"感到难受"与"清楚"。在窄否定范围内,否定焦点是明确的、唯一的,不会导致理解上的困难。所以,此点本节不再赘述。以下主要讨论位于中位的 not、"不"和"没(有)"的否定范围和否定焦点的确定问题。

关于英语中的 not 的否定范围,夸克等学者做出了很大贡献。他们在1972 年和 1985 年出版的两部语法著作中,就否定范围及否定焦点问题做了深入的探讨,给否定范围下了如下两个比较相似的定义:

(一)否定范围通常从否定词本身开始延伸至分句末尾或末位附加语之前。主语及出现在谓语前的其他任何附加语一般都处于否定范围之外。(The scope of the negation normally extends from the negative word itself to the end of the clause, or to the beginning of a final adjunct. The subject, and any other adjuncts occurring before the predication, normally lie outside it.)(Quirk, et al. 1972: 381)

(二)否定范围通常从否定词项本身开始延伸至分句末尾,但不一定把置于分句末尾的状语包括在内。在带有句否定词 not 的分句中,或在功能词后同一位置上有 never 或 hardly 这样的否定词项的分句中,出现在否定成分之前的状语通常处于否定范围之外。(The scope of the negation normally extends from the negative item itself to the end of the clause, but it need not include an end-placed adverbial. In a clause with the clause negator *not* or a negative word such as *never* or *hardly* in the same position after the operator, adverbials occurring before the negative normally lie outside the scope.)(Quirk, et al. 1985: 787)

毫无疑问,夸克等学者的这些研究成果对于研究否定句有着积极的指导意义。他们提出的这两个定义,可以解释大部分英语否定句,但仍有两种情况是这两个定义所不能解释的。第一,按照夸克等所提出的两项定义,句子的主语显然是被排除在否定范围之外的,也就自然不能成为否定焦点,因为"(否定)焦点必须在(否定)范围之内"(Quirk, et al. 1985: 789)。但是,在一定的上下文中,被否定的对象恰恰是句子的主语。例如,在[213]这一上下文中,被否定的是主语 I,却在夸克等划定的否定范围之外。

[213] 〈I〉did*n't* take Joan to swim in the pool today. It was my brother who took her.

再者,在主语含有 all、every 之类的全称量词的否定句中,按照夸克等的两项定义,[214]和[215]的否定范围只能是 not 之后的部分,如[214a]和[215a]所示。

[214] All cats do*n't* like water.

[215] All the children did*n't* sleep.

[214a] All cats do*n't* like water.

[215a] All the children did*n't* sleep.

显然,主语不在否定范围之内,被否定的只能是 not 之后的成分,[214a]和[215a]可分别解释为[214a′]—[215a′]。

[214a′] All cats dislike water.

[215a′] All the children failed to sleep.

夸克等学者自己也认为,像[214a]—[215a]这样的结构并不常用

（unusual），而更常见的是用否定主语来改写（Quirk, et al. 1985：790）。

[214a″] No cats like water.

[215a″] None of the children slept.

实际上，这类句子中的否定对象往往是含有全称量词的主语。因此，夸克等试图借助语调来解决这一问题。他们认为，"语调也可能在标示（否定）范围向后延伸把主语包括在内时具有关键作用"（Quirk, et al. 1972：383）。1985 年他们又指出，"语调在标示主语是否为否定焦点时可起到关键作用。若主语中包含诸如 all 或 every 这样的全称量词，就需要有这种区别"（Quirk, et al. 1985：790）。因此，[214]—[215]可表示为[214b]—[215b]。

[214b] Ǎll cats don't like water.

[215b] Ǎll the children didn't sleep.

这样，夸克等认为，在语调（降调+升调）的帮助下，[214b]—[215b]中的否定焦点为含有 all 的主语 all cats 和 all the children，其意义分别为[214b′]和[215b′]。这就说明，否定句的主语不能绝对划在否定范围之外，不能排除其被否定的可能性。

[214b′] Not all cats like water.

[215b′] Not all the children slept.

第二，按照夸克等的两项定义，否定范围是局限在分句之内的，因此，在复合句中，位于主句之后的从句也被排除在了否定范围之外。但是，位于主句之后的从句有时则正是被否定的对象，也就应该包括在否定范围之内。例如：

[216] Washington, replying, wrote, "If my wishes would be of any avail, they should go to you in a strong hope that you will *not* withhold merited promotion from Mr John Adams ⟨because he is your son⟩".

在[216]中，not 所否定的正是位于句末的原因从句"because he is your son"，那么，这一从句就应该包括在否定范围之内。夸克等学者也注意到了这一点。他们说，"（否定）范围有时可以包括从句"（Quirk, et al.

1985：788）。在讨论否定焦点时，他们还说："（否定）范围和（否定）焦点的相互关系极为密切，因此，（否定）焦点一定在（否定）范围之内。由此可以得出结论：表示范围大小的一种方法是利用焦点的位置。事实上，由于否定范围在其他方面常常是明确表示的，所以我们可以通过信息焦点的安放位置来确定否定范围。"因此，否定范围可以"通过对比性降升调不规则地延伸把从句包括在内"（Quirk, et al. 1985：789）。这样，[217]—[218]就可以分别划定出两种否定范围，分别如[217a]—[217b]和[218a]—[218b]所示。

[217] I didn't leave home because I was afraid of my father.

[217a] I did*n't* leave HÓME because I was afraid of my FÀTHER.

[217b] I did*n't* leave home because I was afraid of my FÀTHER.

[218] She didn't come to see him when he asked.

[218a] She did*n't* come to SÉE him when he ÀSKED.

[218b] She did*n't* come to see him when he ĂSKED.

在[217a]和[218a]中，否定范围始于否定词，止于主句末尾。而在[217b]和[218b]中，否定范围始于否定词，止于全句末尾，从句位于否定范围之内。夸克等解释说，按照通常的语调，[217a]和[218a]中的主句和从句分别都是一个单独的语调单位（tone unit），这样就把从句置于否定范围之外了。但是，在[217b]和[218b]中，一个语调单位包含了主句和从句两个分句，并在 father 和 asked 上使用了对比性的降升调，这样就把否定焦点放在了从句之上（Quirk, et al. 1985：790），从句也就包括在否定范围之内了。

以上两点说明，夸克等学者对否定范围的解释仍有欠周密之处。其一是说主语处在否定范围之外，尔后又说可以利用语调将主语包括进去；其二是说明否定范围限于分句，否定焦点一定在否定范围之内。然后又说可以利用否定焦点的位置，使否定范围不规则地延伸，把从句包括在内。这样做就失去了一致性，加大了随意性，造成了无规律可循的局面。

徐盛桓（1983a,1990）在夸克等学者的研究基础上，针对夸克等所划定的否定范围的不足，进行了深入的研究，提出了完善否定范围之定义的建议。徐盛桓认为，"在单句（包括简单句和并列复合句中的每一个单句）和主从复合句中，若 not 在谓语动词的位置，则从主（主从复合句则从主

第一部分 信息结构和英汉语对比

句的主语)开始,至句末或有转折意义的成分之前为止,均属否定范围"①
(徐盛桓 1983a：5)(着重号是原文中就有的——引者按)。下面是徐盛桓
为说明以上定义而举的一些例证。

[219] Harry did*n't* kill Mary.

[220] All cats do*n't* like water.

[221] People did*n't* shake off colonialist's yoke in order to put on
hegemonist's.

[222] He studied hard, but he could*n't* pass the exam.

[223] He did*n't* go out because it was cold.

[224] Because it was cold, he did*n't* go out.

[225] I did *not* do anything beyond writing one letter.

[226] We have *not* any other tools besides this.

正如徐盛桓所说,"在以上各句中,否定范围内各部分,都有可能同
not 组合,发生否定语义,从而对句义产生影响"(徐盛桓 1983a：5)。这也
正符合夸克等关于否定焦点一定在否定范围之内的观点,同时,也完善了
夸克等所划定的否定范围中的不够合理的部分。按照徐盛桓的定义,就
不再需要借助语调把主语包括在否定范围之内,也不再需要根据焦点的
位置来确定否定范围。这样,既保持了理论上的一致性,又增强了理论的
概括力。

否定范围同否定焦点密切相关,二者必须结合起来,才能确切知道被
否定的是什么。作为否定性焦点提示副词,not 可以将其否定语义施加到
否定范围内的各个成分之上,使之成为否定对象,即否定焦点。由于否定
范围内的成分往往不止一个,否定焦点也就可能不止一个。在同一语句
中,不同的成分被提示成为否定焦点,就会造成句义的变化,从而造成歧
义。这正好证实了徐盛桓所提出的假设:"带 not 的否定句都是在某种意
义上的歧义句"(徐盛桓 1983a：3)。以[219]为例,全句都在否定范围之

---

① 徐盛桓后来又撰文对否定范围和否定中心做了进一步的探索,取得了一些新的成
果,如在 1990 年区分出了三种不同性质的否定中心(即我们所说的否定焦点):达
意型、交际型和语篇型;在 1994 年运用新格赖斯会话含意理论,研究了量词否定问
题,如在"Max doesn't have three children — indeed he has four"中,not 否定的不是
three 这一量词本身,而是否定 three 的含意。我们在本章中不再赘述,有兴趣者可
参阅徐盛桓 1990 和 1994b 两文。

内,not 的否定语义至少可以影响到三个成分,Harry、kill 和 Mary,所以,这三个成分都有可能被提示为否定焦点,造成歧解,如[219a]—[219c]所示。

[219a] Harry did*n't* kill ⟨Mary⟩.

[219b] Harry did*n't* ⟨kill⟩ Mary.

[219c] ⟨Harry⟩ did*n't* kill Mary.

根据 not 在[219a]—[219c]中所提示出的焦点,[219a]—[219c]可分别理解为:

[219a′] It wasn't Mary that Harry killed.

[219b′] Harry did something to Mary other than killing her.

[219c′] It wasn't Harry who killed Mary.

以上分析表明,否定范围只是划出了有可能被 not 的否定语义否定的各成分的可能性,要确切解释否定句的意义,就要在众多可能性中确定其中最有可能的一种可能性,亦即确定否定焦点,确定交际者所要否定的内容。那么,如何确定否定焦点呢?

首先,可以根据上下文中的内容来确定否定焦点。一定的上下文往往对可能被否定的内容有某种限制,使否定语义指向变成明确的和唯一的,也就是在否定范围内的可能被否定项中确定其中之一为否定焦点。例如,[227]单独看来是个歧义句。

[227] Harry did*n't* attack the Labour Government.

其中 Harry、attack、the Labour Government、Labour 和 Government 都有可能被 not 标示为焦点。但是,一旦[227]用于不同的上下文,否定焦点只能是其中之一。

[227a] ⟨Harry⟩ did*n't* attack the Labour Government, but John did.

[227b] Harry did*n't* ⟨attack⟩ the Labour Government, but he criticized it.

[227c] Harry did*n't* attack ⟨the Labour Government⟩, but he attacked the Cabinet.

[227d] Harry did*n't* attack the ⟨Labour⟩ Government, but he attacked the Conservative Government.

[227e] Harry did*n't* attack the Labour ⟨Government⟩, but he attacked the Labour Party.

在[227a]—[227e]中,由于上下文内容的制约,否定焦点在每个上下文中只能有一个,如以上所示。再如:

[228] I do*n't* know ⟨where to stay⟩ when I arrive in New York. I have never been to that place.

[229] Both read the same Bible, and pray to the same God; and each invokes His aid against the other. ⟨The prayers of both⟩ could *not* be answered.

[230] My father won't give me the money. He wo*n't* even ⟨lend⟩ it to me.

在[228]这一上下文中,否定焦点只能是"where to stay",而不可能是 when 引导的从句。根据[229]的上下文内容,not 所否定的则是含有 both 的主语部分"the prayers of both",在双方都寻求上帝的帮助去打倒对方的情况下,如果上帝真的帮助的话,也只有帮助其中的一方,而不可能为双方都提供帮助。在[230]中,由于上下文的限制,第二句中 not 所提示出的焦点同 even 所提示出的焦点重合,同为谓语动词 lend。

其次,可以根据人们对客观世界的认识和其他常识作出判断,确定否定焦点,而不必依靠上下文或语境。例如:

[231] People did*n't* shake off colonialist's yoke ⟨in order to put on hegemonist's⟩.

[232] ⟨All⟩ that breed in the mud are *not* eels.

[233] ⟨All⟩ that glitters is *not* gold.

[234] ⟨Everyone⟩ can*not* make music.

[235] In South Carolina we had *never* suffered discrimination ⟨because we were Jews⟩.

一般来讲,我们看到以上句子时,凭直觉就可以把否定焦点确定下来(如以上所示)。这是我们的认知能力,也就是我们对客观世界的认识和我们的常识在起作用。先以[231]为例,无论是殖民主义枷锁还是霸权主义枷锁,都是人民要摆脱的对象,人民决不会为了套上一种枷锁而不摆脱另一种枷锁,所以,[231]中 not 所否定的只能是"in order to put on hegemonist's"这一不定式分句。在[232]—[234]中,常识告诉我们,否定焦点为含有全称量词 all、everyone 的主语部分。再以[233]这一谚语为例,我们知道,世界上闪光的东西很多,金子只是其中之一种。如果说[233]中的否定焦点为 gold,其句义大致上就成了"所有闪光的东西都不是金子",这就不符合金子会闪光这一现实世界中的自然现象。所以,[233]中的否定焦点只能是 all that glitters,只有这种理解才符合客观现实。众所周知,犹太民族是世界上遭到种族歧视最多最普遍的民族,所以,在[235]中,否定焦点毫无疑问是 because 引导的从句,否则则是不可思议的。

第三,当否定句中带有任选成分(optional constituent),尤其是修饰性状语成分(modifying adverbial)时,not 倾向于把这种任选成分提示出来,成为否定焦点(参见 Givón 1990:712 – 713;Leech 1981:297 – 298)。例如:

[236] I have*n't* seen Bill ⟨for three weeks⟩.

[237] She has*n't* polished the table ⟨very nicely⟩.

[238] Joe did*n't* kill the goat ⟨on Sunday⟩.

[239] Joe did*n't* kill the goat ⟨in the barn⟩.

在这种情况下,not 的否定语义影响所表现出的这种倾向在于,如果句中所说的动作或行为根本就没有发生,句中的任选成分就没有必要表达出来,只需把必要成分表达出来就行了,如[236]就可简单地说成"I haven't seen Bill"即可。既然把任选成分表达出来,就有一定的用意。另外,使句末的任选成分成为否定焦点,也符合夸克等学者提出的末尾焦点原则。

第四,当否定句中含有全称量词 all、every 和总括词 always 时,not 倾向于否定这些词语,使其成为否定焦点。例如:

[240] But ⟨all⟩ teachers of English are *not* experienced teachers.

[241] ⟨Every⟩ person may *not* be aquainted with the pastime.

[242] Thick ankles are *not* ⟨always⟩ due to fat.

[243] ⟨Everybody⟩ can*not* win in Las Vegas.

　　在传统分析中,这类句子常被视为部分否定句(partial negation)。斯旺(Michael Swan)认为,主语含有 all 的否定句不十分常用,而常用的形式是把 not 直接放在 all 之前,因此,[244] 常改作[244a] 的形式(Swan 1980:37)。

[244] 〈All〉 English people do*n't* like fish and chips.

[244a] *Not* all English people like fish and chips.

　　夸克等认为此类句子有两解:一是如以上所说,not 否定全称量词,构成部分否定句,二是 not 否定其后的成分。所以,例[245]既可理解为"并非所有的孩子都走了",也可以理解为"所有的孩子都没有走"。这两种解释都是可以成立的。但是,第二种解释不常用(Quirk, et al. 1985:790)。根据英语的表达习惯,第一种解释最为常见,所以,可以说,这类句子中的 not 倾向于否定全称量词。

[245] All the boys didn't leave.

　　最后,需要说明的是,徐盛桓认为,上述第一点中所说的根据上下文内容确定出的否定焦点可叫作语篇型否定焦点(textual-type focus of negation)。上述第二点所说的根据人们对客观世界的认识和其他常识,而不靠上下文或语境,就可确定的否定焦点叫作达意型否定焦点(ideational-type focus of negation)(详见徐盛桓 1990:25 - 27)。另外,英语中有些否定句确有歧义。例如:

[246] I didn't leave home because 1 was afraid of my father. (=[217])

[247] She didn't come to see him when he asked. (=[218])

　　这两例都可作两解。如果否定的是句末的从句,[246]—[247]可分别表示为[246a]和[247a]。如果否定的是主句中的谓语部分,[246]—[247]则可表示为[246b]—[247b]。

[246a] I did*n't* leave home 〈because I was afraid of my father〉.

　　　(=I left home, but it was not because I was afraid of my father.)

[247a] She did*n't* come to see him 〈when he asked〉.

　　　(=She came to see him, but not at the time when he asked.)

[246b] I did*n't* 〈leave home〉 because I was afraid of my father.

（ ＝I stayed at home because I was afraid of my father.）

[247b] She did*n't* ⟨come to see him⟩ when he asked.

（ ＝She failed to come to see him when he asked.）

这类确有歧义的句子,单靠句子内部的各成分内容,无法确定其否定焦点。但是,如果将这类句子用于一定的上下文或交际的实际语境或情境,歧义就可能消失。如果[246]用于[248]这一上下文中,被否定的只能是"because I was afraid of my father",而不能是其他成分。

[248] I did*n't* leave home ⟨because I was afraid of my father⟩, but because I disliked staying at home all day.

以上讨论了英语中否定副词 not 的否定范围和否定焦点,以及否定焦点的确定方法。下面将要讨论汉语中否定副词"不"和"没(有)"的否定范围与否定焦点,以及否定焦点的确定等。

钱敏汝(1990)按照哲学中黑格尔的"扬弃"概念,给语言中的否定下了如下定义:"否定不仅意味着表达事物或事态与某种状态的联系或肯定关系无效,而且还酝酿或伴随着新意的形成和新信息的传递"。由此可知,语言中的否定不仅仅是对某一对象的否定,而且是通过否定传递出新信息。新信息也就是在某一否定范围内所确定出的否定焦点。

关于汉语中"不"和"没(有)"的否定范围和否定焦点,已有不少论述。吕叔湘先生认为,"在句子里,不或没的否定范围是不或没以后的全部词语"(吕叔湘 1985: 246)。房玉清提出了类同的看法,他认为,"否定词'不'和'没(有)'的否定范围是'不'和'没(有)'后边的全部词语"(房玉清 1993: 338)。这样,就同夸克等在划定 not 的否定范围时一样,把"不"和"没(有)"之前的成分划在了否定范围之外,也就排除了"不"和"没(有)"之前的成分成为否定焦点的可能性。但是,"否定的焦点也可能在不或没之前,这样就把否定的范围扩大到不或没的前边去了"(吕叔湘 1985: 247)。这似乎也是根据否定焦点来扩大否定范围,因而就出现了前后不一致的问题。

"'不'的否定范围是它最大可能的语义作用范围;无论'不'在一个语言表达中出现在什么位置,所有在语义上有可能成为被否定项的成分都属否定范围"(钱敏汝 1990,着重点是原作者加的——笔者按)。如果把吕叔湘先生关于否定范围的前后两次论述结合起来,就有可能把"所有在语义上有可能成为被否定项的成分"都包括在否定范围之内,从而概括出否定副词"不"和"没(有)"的"最大可能的语义作用范围"。具体说来,当"不"或"没(有)"取中位,位于句子的谓语动词之前时,"不"或"没(有)"的否定范围包括它们所在的整个分句,即否定范围从句首开始,到分句句末为止。例如:

[249] 我今天不看书。

[250] 我没问他的经历。

[251] 我没有借中文小说给他。

在否定范围内的各个成分都有可能受到"不"或"没(有)"的否定语义的影响,而成为被否定的对象。在否定范围内,可能被否定的各项中最终确定下来的实际被否定项是否定焦点(钱敏汝 1990)。例如,在[250]中,全句都在"没"的否定范围之内,除了"没"字本身之外,"我""问""(他的)经历""他的"都有可能成为否定焦点。

[250a] 〈我〉没问他的经历。

[250b] 我没〈问〉他的经历。

[250c] 我没问〈他的〉经历。

[250d] 我没问他的〈经历〉。

否定范围划定之后,关键在于确定否定焦点。确定否定焦点的最有效方法是根据上下文。上下文中的内容往往可以把否定副词"不"或"没(有)"的否定语义限定在它们的否定范围内的某一成分之上,使否定的语义指向成为明确的和唯一的。例如:

[252] 〈小王〉不想打球,小李想打。

[253] 周朴园:……(向四凤)叫你给太太煎的药呢?

　　　鲁四凤:煎好了。

　　　周朴园:为什么不拿来?

　　　周蘩漪:(觉得空气不对了)她刚才给我倒来了,我没有〈喝〉。

[254] 小万没〈在食堂〉吃饭,拿了两个馒头,钻进吉普车里看一本从宣传处借来的内部书:《戴高乐》。

[255] 周　萍:所以我要走了。不要再多见面,互相提醒我们最后悔的事情。

　　　周蘩漪:〈我〉不后悔,我向来做事没有〈后悔过〉。

[256] 今年4月上海某大型机械公司举办全国性的订货会,厂领导不请〈名人〉,不请〈党政要员〉,而是请本企业的12位劳模剪彩揭牌。

在[252]—[256]中,"不"和"没(有)"的否定焦点,由于各自上下文的限制,只能是尖括号内的成分,而不能是别的成分。

除了上下文这种有效方法外,否定句中的数量成分倾向于成为否定焦点。如下例[257]—[261]中的"一个人""一只野物""晚上11点""个个""这些个"等含有数量词语的成分都是否定焦点。

[257] 这世界上没有〈一个人〉靠得住,只有钱是真的。

[258] 这些年,我们全家没打过〈一只野物〉。

[259] 他没等到〈晚上11点〉。

[260] 大家庭里不能〈个个〉都是好人。

[261] 你不要扯〈这些个〉。

否定句中的修饰成分往往也容易成为否定焦点。例如,在下面几例中,"按时""在家""故意""从你嘴里""干净"这些修饰成分分别都是否定焦点。在这一方面,英汉语有同有异。所同之处在于英汉语否定句中如有任选的修饰性成分,这些成分均倾向于成为否定焦点。所异之处在于焦点的位置。英语中的修饰性成分一般都在句末,如[236]—[239]所示,往往形成末尾焦点;"从位置上来看,汉语状语一般都是放在动词前面,补语在动词后面,宾语或前或后,它们都有成为信息焦点的可能"。因此,"汉语句子的信息焦点的位置变化较大"(陈平 1990:238),如[262]—[266]所示。

[262] 炊事员和职工一同进食堂,是不能〈按时〉开饭的。

[263] 我想,爸爸跟妈一定在外屋睡,哥哥总是不〈在家〉睡觉。

[264] 我没有〈故意〉害过人。

[265] 老于,你是员硬将,还没〈从你嘴里〉听到过孬话。

[266] 他没扫〈干净〉。

以上讨论了英语和汉语中否定性焦点提示副词not、"不"、"没(有)"的否定范围和否定焦点。无论是在英语中还是在汉语中,否定性副词的否定范围只是"围"出了有可能被否定的各项的可能性,而要确切理解否定的意义,就必须在可能被否定项中确定出一个实际被否定项,即否定焦点。否定范围和否定焦点二者密切相关,否定焦点必须在否定范围之内,否定范围之内的各成分都有成为否定焦点的可能性。否定范围和否定焦点这两个概念必须同时并用,才有意义。如果只谈否定范围,仍无法确切理解否定句;如果只说否定焦点,则会失去依托,无规律可循。这些对于英语和汉语都是适用的。

汉语中"不"和"没(有)"的否定范围包括整个分句,但不能超越分句的界限(clause boundary);而英语中的 not,如果是用于简单句(包括并列句的各分句)中,其否定范围,同汉语的"不"和"没(有)"一样,包括整个分句,如果用于主从句的主句,且从句位于主句之后,not 的否定范围则可从主句句首开始,延伸至从句句末,但这类从句一般为 because 或 when 引导的从句。另外,在英语和汉语中,如果否定性焦点提示副词出现在中位之外的位置上,否定范围则只包括其后的那个成分,形成窄否定范围,否定焦点也就是其后的那个成分。但是,英语中的 not 可出现在主语之前,构成局部否定,而在汉语中因为"不"不能与名(代)词直接搭配,所以,汉语中的"不"不能用在主语之前构成否定。

至此,本节所讨论的英汉语中的否定,可以叫逻辑否定(logical negation)。也就是说,否定词 not、"不"、"没(有)"否定的是命题的真值,如例[266]中的"没",否定的就是"他扫干净"这一命题的真值。但是,英语和汉语中还有一种否定,否定词不用于否定命题的真值,而是否定已表达出的一个说法,说明这一说法在程度上或数量上不够确切。从语用学的角度看,这种否定可以叫作元语言否定(metalinguistic negation)。例如:

[267] Around here we don't like coffee—we love it.

[268] Their contributions were not important—they were invaluable.

[269] Justin didn't paint three squares, he painted four.

[270] 我一天不是抽一包烟,而是两三包。

[271] 我不是饿了,实际上是快饿死了。

[272] 他不是高兴,而是欣喜若狂。

这些例子表明,元语言否定涉及两个表述,否定词语总是用于前一表述,表示前一表述中的说法不准确,后一表述则是对前一表述的纠正,弥补了前一表述中说法的不足,点明说话者的确切用意。元语言否定中的两个表述总含有处于某一程度上或数量上的等级关系上的两个词语,如以上各例中的 like/love、important/invaluable、three/four、"一"/"两三"、"饿"/"饿死"、"高兴"/"欣喜若狂",而这两个处于某一等级上的词语,程度上或数量上较低的一个总是用于前一表述,较高的一个则总是用于后一表述。这正好说明了为什么"元语言否定否定的不是命题的真值,而是说明前一表述"的说法不够确切。

在形式上,逻辑否定也不同于元语言否定。前者往往只有一个表述,而后者则要涉及两个表述。

从[267]—[272]中还可以看出,在英语中,逻辑否定和元语言否定所使用的否定词都是 not;而在汉语中,逻辑否定通常使用"不"或"没(有)",元语言否定则往往使用"不是"来表示,构成"不是……,(而是)……"的句式,这可视为汉语中元语言否定的标记语。因此,汉语中的元语言否定从标记上就有别于逻辑否定,而英语中的元语言否定与逻辑否定则没有这种标记上的差别。

5.4　结　语

由上述可知,英语和汉语都有排他性、特指性、添加性和否定性这四类焦点提示词语。排他性焦点提示词语强调的是焦点成分的唯一性;特指性焦点提示词语是引起听话人给予焦点成分特别的注意;添加性焦点提示词语用以标示为上文所添加的新内容;否定性焦点提示词语是把语句中的某一成分加以否定,并使之成为否定焦点。各种焦点提示词语都有一定的语义范围,不同的焦点提示词语的语义范围虽然不同,但都可以把处于其语义范围内的某一成分标示为信息焦点。否定性焦点提示词语的语义范围在英汉语中是有明显差异的。在汉语中,焦点提示词语的否定范围可以包括整个分句,但不能跨越分句的界限;而在英语中,否定性焦点提示词语的否定范围既可以包括整个分句,有时还可以在一定条件下越过分句的界限,使处于其后的原因分句或时间分句成为否定对象和否定焦点。

6

英汉语双宾句对比研究 [*]

6.1 引 言

英语和汉语中都有一类及物动词,所表示的动作需涉及两个对象,要带两个宾语。例如:

[1] She made him a cake.

[2] 老洪给了他一支烟。

正如英国著名语言学家夸克等在他们 1985 年出版的《英语语法大全》中所指出的那样,这种能够带两个宾语的及物动词叫作双及物动词(ditransitive verbs)(Quirk, et al. 1985:54)。双及物动词所带的两个宾语,一般来讲,一个指人,一个指物。前者叫间接宾语,后者叫直接宾语①。在句法结构上,间接宾语紧随动词之后,而直接宾语则位于间接宾语之后。因此,例[1]和例[2]中的"him"和"他"是间接宾语,"a cake"和"一

---

* 本章原载刘重德主编《英汉语比较研究》第 101—109 页(湖南科学技术出版社,1994 年),略有修改。

① 有些汉语语法著作将间接宾语称为近宾语,将直接宾语称为远宾语(参见朱德熙 1982:11)。

支烟"是直接宾语。

这种由双及物动词和所带的两个宾语构成的句型通常叫作双宾句（double-object clause），可以表示为 SVOiOd（S 代表主语，V 代表动词，即双及物动词，Oi 代表间接宾语，Od 代表直接宾语）。双宾句表示的是一种取受关系，这种取受关系往往是具体的，但有时也可以是抽象的。例如：

[3] He gave me a book.

[4] His achievement earned him respect and admiration.

[5] 灯下王纪新递给他一封信。

[6] 这是令人心醉的歌声，它给我们无比清新的快感。

现在，我们拟从以下几个方面对英汉语双宾句做些初步的对比性探究：英汉语双宾句的构造和异同；英汉语双宾句中信息分布的异同；英汉语双宾句和相关句型之间的转换及转换后信息分布之异同。

6.2　英汉语双宾句的构造和异同

在双宾句中，英语和汉语可以充当间接宾语的往往都是人称代词（英语要用宾格形式）、人称名词（指人的名词和指人的集合名词）等。例如：

[7] Waiter, bring *me* some mustard.

[8] The headmaster gave *George* a new book.

[9] I've just bought *my brother* a birthday present.

[10] We allocated *the society* some money.

[11] 我过三五天准还你钱。

[12] 凤英又告诉桂珍一件很秘密的事。

[13] 假行家啐这孩子一脸唾沫。

［14］公社奖励大队一台彩色电视机。

在英汉语双宾句中，可以充当直接宾语的通常是名词、名词词组和名词性分句等。例如：

［15］This will assure you *comfort*.

［16］The firm gave Sam *a gold watch*.

［17］He hasn't paid you *what he owes you*.

［18］她不能给我钱。

［19］父亲的朋友送给我们两缸莲花。

［20］芳林嫂没有告诉凤儿她要远走。

英语双宾句中的直接宾语还可由 wh-不定式分句充当。例如：

［21］Mary showed us *what to do*.

汉语虽然没有形态变化，但可以用动词词组来充当直接宾语。例如：

［22］别的士兵问他蹲在那里干什么，他瞒着不说。

［23］王老师教我们唱这首歌。

在英语双宾句中，有时间接宾语和直接宾语都可以是人称代词，而且用作直接宾语的人称代词为 it 或 them。在这种情况下，间接宾语往往由介词引导，移至直接宾语之后。例如：

［24］Why don't you show *it to him*?

［25］I'll lend *them to you*.

但在口语中，在一定的语境或上下文中，间接宾语也可不用介词引导，而位于直接宾语之前或之后，但着重点是不同的。例如：

［26］He showed me it.

［27］He showed it me.

在汉语双宾句中，在一定的语境中，如果两个宾语均为人称代词，则不能像英语那样使用上述形式，而要用"把"字将直接宾语提到谓语动词之前，形成"把"字句。例如：

［28］小李把它给了他。

汉语中的表称类动词,如"叫""称"等,后面也可以跟两个名词性成分。例如:

[29] 他的父亲叫他闰土。

[30] 人家称他呆霸王。

从表面上看,例[29]和例[30]的构造与双宾句的构造似乎是相同的,大概也是由于这一点,许多学者(如朱德熙、李临定、马庆株、吕叔湘、徐枢等)也将其归入双宾句,但这似乎与语言事实不符。一般来讲,双宾句中的两个宾语在结构上和语义上是没有联系的。例如:

[31] 我给小王两本书。

其中"小王"和"两本书"在结构上和语义上均无联系。而表称类动词后的两个名词性成分之间则存在着某种同一关系,二者的所指相同,可用"是"字相连接。例如:

[32] 孩子们叫她肥婆。(她是肥婆。)

[33] 大家都叫她祥林嫂。(她是祥林嫂。)

[34] 人家称他呆霸王。(他是呆霸王。)

据此,我们认为将此类句子归入双宾句是不妥的。另外,这类句子也颇似英语中的 SVOC 类句子,即第一个名词性成分为宾语,第二个名词性成分为宾语补足语。试比较:

[35] I call him a fool. (He is a fool.)

[36] 班上的同学都叫他小数学家。(他是小数学家。)

能够带两个宾语的双及物动词,在英语和汉语中,数量都是有限的,大概均不足 100 个[1],而且大多都是基本动词。英语中常用的双及物动词有:award、bring、buy、deny、fetch、find、get、give、hand、leave、lend、make、offer、owe、pay、sell、send、show、teach、tell、wish、write 等。汉语中常用的双及物动词有:给、送、奖、罚、教、告诉、问、还、租、赔、求、欠等。

---

[1] 英语双及物动词的数量见张今(1990);汉语双及物动词数量是根据李临定(1986)一书统计的。

6.3 英汉语双宾句中信息分布的异同

以上我们简述了英汉语双宾句的构造,现在,我们来谈一下英汉语双宾句中的信息分布问题。人们无论是说话还是写文章,都是在传递一定的信息(information)。人们所传递的信息一般可分为已知信息和未知信息或新信息。已知信息通常是指发话人认为受话人已经知道的信息,或上文已经出现过的信息,而新信息则是发话人认为受话人尚不知道的信息,或上文未曾出现的信息,而且是人们传递信息时的重点。因此,一个句子所传递的信息可分为已知信息和新信息两大部分。已知信息往往位于句子的前一部分,新信息位于句子的后一部分。据此,我们可以认为,在正常的双宾句中,主语部分为已知信息,谓语部分为新信息,英语和汉语皆然。在下面两例中,"His parents"和"母亲"为已知信息部分,"chose him a sensible wife"和"交给他几张票子"为新信息部分。

[37] His parents chose him a sensible wife.

[38] 母亲交给他几张票子。

然而,新信息部分中的各部分并不是同等重要的。在新信息中,人们所强调的最重要的部分可称为信息焦点。信息焦点在句子中的一般位置是句子的末端(在口语中,由于语调的作用,则应另当别论)。因此,在通常情况下,双宾句中的信息焦点为位于句末的直接宾语。在例[39]和例[40]中,"the letter"和"一件事"分别为以下两例的信息焦点。

[39] He handed her *the letter*.

[40] 乔治,我想求你一件事。

任何事物都不是一成不变的。人们在传递信息时,想要传递的重要内容往往会发生变化。在书面语中,人们可以采取改变语序或句型的手段来达到传递不同重要内容之目的。在英语双宾句中,如果要强调间接宾语,可以用介词 to 或 for 来引导,使其移至直接宾语之后,位于句末,成为信息焦点。例如:

[41] She sent Jim a card.

　　——→She sent a card to Jim.(箭头"——→"表示"转换为",下同。)

[42] He gave the dog a bone.

　　——→He gave a bone to the dog.

[43] I've bought you some chocolate.

　　——→I've bought some chocolate for you.

[44] She made her daughter a new dress.

　　——→She made a new dress for her daughter.

这正好可以解释为什么在以下几种情况下要用介词来引导间接宾语,使其成为信息焦点。第一,代词一般都表示已知信息,所以当直接宾语为代词时,间接宾语要用介词引导出来。例如:

[45] I took it *to the police.*

第二,当间接宾语比直接宾语长时,需要用介词引导,从而符合英语句子的句尾重心(end weight)原则。例如:

[46] She sent some flowers *to the nurse in charge of her daughter's hospital ward.*

第三,为了强调间接宾语,表示对比意义时,要用介词来引导间接宾语,从而构成对比焦点。例如:

[47] Mother bought the ice-cream *for you, not for me.*

[48] I'll hand this letter *to the secretary and not to the director.*

在汉语双宾句中,如果要强调间接宾语,有时可以用"把"字将直接宾语提到谓语动词之前,使间接宾语位于句末,而成为信息焦点。例如:

[49] 你递给我那本书。

　　——→你把那本书递给我。

[50] 他告诉了小张这个消息。

　　——→他把这个消息告诉了小张。

但是,汉语双宾句改为"把"字句来突出间接宾语是有条件的。首先,只有直接宾语是专指的(specific),才能用"把"字将其提前,从而达到突出间接宾语的目的,如例[49]和例[50]。否则,如果直接宾语是泛指的

（generic）（王还 1987：13－21），则不能改为"把"字句。例如：

[51] 我送给弟弟一支钢笔。

——*我把一支钢笔送给弟弟。

其次，由于动词词义本身的限制，有些汉语双宾句不能改为"把"字句。例如：

[52] 我买他布啦。

——*我把布买他啦。

[53] 我已经问了他这件事情。

——*我已经把这件事情问了他。

而在英语中，绝大多数双宾句都可以使用介词将间接宾语后移，达到强调之目的，并无须考虑直接宾语是专指的还是泛指的，而且动词词义的限制也极少，只有少数几个动词构成的双宾句习惯上不能用介词将间接宾语后移。例如：

[54] She kissed the child goodbye.

——*She kissed goodbye to the child.

[55] He struck the table a heavy blow.

——*He struck a heavy blow to the table.

另外，英汉语中都还有一类带介词宾语的双及物动词（ditransitive verbs with prepositional object）。这类动词所带的宾语和介词所带的宾语可以是直接宾语或间接宾语，从而构成在语义上与双宾句非常相似的句型。而且这类双及物动词往往可以构成两种句式，即用不同的介词来引导直接宾语或间接宾语。这两种句式一般来讲可以相互转化，但信息焦点不同。如果介词引导的是直接宾语，信息焦点就落在直接宾语上；如果介词引导的是间接宾语，信息焦点则落在间接宾语上（Quirk, et al. 1985：54；张今、陈云清 1981：383－384）。例如：

[56a] The government supplied the homeless with blankets.

[56b] The government supplied blankets for the homeless.

[57a] He robbed the king of the throne.

[57b] He robbed the throne from the king.

［58a］心脏以血液供应感染区。

［58b］心脏向感染区供应血液。

［59a］他给人家扣大帽子。

［59b］他用大帽子扣人家。

如前所说,双及物动词是及物动词的一种,所以,双宾句可以转换为相应的被动句。在英语中,双宾句转换为被动句时,间接宾语和直接宾语均可充当主语,而成为已知信息。例如:

［60］He bought Jane a present.

［60a］Jane was bought a present.

［60b］A present was bought for Jane.

例［60a］和例［60b］所强调的重点是不同的,也就是说,前者的信息焦点是直接宾语"a present",后者的信息焦点则是间接宾语"Jane"。

应当注意的是,在英语双宾句中,间接宾语与直接宾语相比,传递的信息量较小,所以,与双宾句相对应的被动句,在大多数情况下是用间接宾语作主语。例如:

［61］I've just been given a lovely picture.

在要强调间接宾语时,也可用直接宾语作相应的被动句中的主语,但是间接宾语仍要用介词来引导(Quirk, et al. 1985:54),如上面的例［60b］。再例如:

［62］They will tell you the truth.

［62a］The truth will be told to you.

［63］He bought Barbara a gift.

［63a］A gift was bought for Barbara.

汉语双宾句,从理论上讲,也可以有两种相应的被动句,但是,由于汉语缺乏形态变化,加上动词词义本身的限制,有些双宾句只能以直接宾语作主语才能转换为相应的被动句,而另一些双宾句则只能以间接宾语充当相应的被动句中的主语(汤廷池 1979:363-389)。例如:

［64］那本书被他寄给朋友了。

［65］那本挂历被他送给老师了。

6 英汉语双宾句对比研究

［66］这孩子被假行家啐了一脸唾沫。

［67］我被老师问了两个问题。

在前两例中，信息焦点是间接宾语；在后两例中，信息焦点则是直接宾语。从前两例可以看出，直接宾语作被动句时，必须是专指的。

6.4　结　语

以上的讨论和分析表明，英语和汉语都有一些双及物动词可以构成双宾句。如果不考虑语调因素，一般来讲，英汉语双宾句的信息焦点均在直接宾语上。如果要使间接宾语成为信息焦点，英语用介词把间接宾语移至句末，汉语则用"把"字将直接宾语提到谓语之前，使间接宾语位于句末。

英汉语双宾句都可以用间接宾语或直接宾语作主语，转换为被动句。假如间接宾语为被动句的主语，信息焦点落在直接宾语上，反之，信息焦点则落在间接宾语上。在英语中，绝大多数双宾句都可以转换为相应的被动句，而且多以间接宾语为被动句的主语，当直接宾语用作被动句的主语时，间接宾语往往要用介词引导。但是，在汉语中，由于缺乏形态变化和受动词词义的限制，能够转换为被动句的双宾句极为有限，而且这有限的双宾句都不能有两种相应的被动句，而只能有一种，要么以间接宾语作相应被动句的主语，要么以直接宾语作相应被动句的主语。同时，用作被动句的主语的直接宾语通常必须是专指的，英语则无此种限制。

第二部分

主位结构和语篇功能

PART TWO

THEMATIC STRUCTURE AND TEXTUAL FUNCTION

7

英语语篇衔接简论[*]

7.1 引　言

　　语言最基本的功能是社会交际。在人们的相互交往中,语言的基本单位不是句子,而是语篇。语篇则是在交际中实现的语义整体。当然,语篇是由句子构成的,但绝不是一些句子的简单堆砌,而是为了达到某种交际目的,通过一定的衔接手段(cohesive device),将一些意义相关的句子连接起来的有机结合体。那么,英语语篇是通过哪些衔接手段来实现的呢? 归纳起来,大致有以下几种:照应(reference)、替代(substitution)、省略(ellipsis)、连接(conjunction)和词汇衔接(lexical cohesion)。本章拟就以上这几种衔接手段做些初步的探讨。

---

* 本章与刘明阁合著,原载《南都学坛》(社会科学版)1990 年第 4 期第 115—119 页,略有补充和修改。

7.2 英语语篇中的衔接

7.2.1 照应

照应是指在语篇中保证意义连贯的一种语义关系,即某些语言单位不能从其本身得出语义解释,而必须参照语篇中其他语言单位才能理解。这样,这些语言单位之间就形成了照应关系。例如:

[1] Doctor Foster went to Gloucester in a shower of rain. *He* stepped in a puddle right up to *his* middle and never went *there* again.

其中第二句中的 he 和 his 只能参照第一句中的 Doctor Foster 才能知道指的是谁。同样,there 也只能是指第一句中的 Gloucester。

照应必有照应对象(referent)。根据照应对象在语篇中的出现与否,照应可分为语外照应(exophoric reference)和语内照应(endophoric reference)。照应对象存在于语篇之外,只能依靠语篇所处的具体情境才能理解其意义的叫语外照应。在例[2]中,只有根据说话人所指的东西,才能知道 it 指的是什么。

[2] (Pointing to some object) *It* needs a coat of paint.

照应对象存在于语篇之内,用语篇内部的信息就可以解释的叫作语内照应。在下例中,she 和 her 均与 a little girl 构成语内照应关系。

[3] In the cold and darkness walked a little girl. *She* was poor and both *her* head and feet were bare.

语内照应按照对象在语篇中出现的位置,又可分为后照应(anaphoric reference)和前照应(cataphoric reference)。照应对象出现在语篇上文的叫后照应,如例[3]所示。照应对象出现在语篇下文的叫前照应,如例[4]中的 this。

[4] What I really meant to say is *this*: Cohesion refers to things linguistic

and coherence to things conceptual, but you really can't separate the two.

英语语篇中的照应还可根据其意义分为人称照应（personal reference）、指示照应（demonstrative reference）和比较照应（comparative reference）。用人称代词表示的照应关系叫人称照应。用于此类照应的词语包括人称代词、物主代词和相应的限定词。例如：

[5] Margie was thinking about how the kids must have loved it in the cold days. *She* was thinking about the fun *they* had.

[6] Margie always hated school, but now *she* hated *it* more than ever. The mechanical teacher had been giving *her* test after test in geography and *she* had been doing worse and worse until *her* mother had shaken *her* head sorrowfully and sent for the City Inspector.

在例[5]中，she 和 they 分别与 Margie 和 the kids 构成人称照应关系。在例[6]中，it 与 school 构成人称照应关系，两个 she 和三个 her 在句法上的作用虽各不相同，但都与 Margie 构成人称照应关系。

指示照应是用指示代词 this、that、these、those 和相应的限定词以及定冠词 the 等所表示的一种照应关系。例如：

[7] *This* is the quickest route. Turn left at the lights, straight on to a roundabout, then right.

[8] I'll put you through into the looking-glass house. How would you like *that*?

[9] Algy met a bear. *The bear* was bulgy.

很明显，例[7]中的 this 是前照应，其照应对象为接下来的第二句话；例[8]中的 that 是后照应，代表的是其前第一句话所表达的内容；例[9]中的 the bear 也是后照应，指的就是第一句话中 Algy 遇到的那只熊。

用比较事物异同的词语以及形容词和副词的比较级形式所表示的照应关系叫比较照应。例如：

[10] In her paper, there are even a lot of grammatical mistakes. You seem to have made the *same* kind of mistakes in yours.

[11] Sometimes, I have thought it would be an excellent rule to live

each day as if we should die tomorrow. *Such* an attitude would emphasize sharply the values of life.

[12] In stories, the doomed hero is usually saved at the last minute by some stroke of fortune, but almost always his sense of values is changed. He becomes *more* appreciative of the meaning of life and its permanent spiritual values.

[13] The extrovert loves crowds. *In contrast*, the introvert is fond of solitude.

7.2.2 替代

替代是用替代词(substitute item)代替语篇中上文已经出现过的某些词语的语篇衔接手段。因此,对于替代词的理解必须依据上文中它所替代的词语才能完成。如果被替代的词语是一个名词短语或名词短语的中心词,这种替代现象叫作名词性替代(nominal substitution)。例如:

[14] — Do you want the blank or the red pen?

— The blank *one*. (one = pen)

[15] Give me six currant buns. I'll have *the same*. (the same = six currant buns)

如果替代词所替代的是动词或动词短语的中心词,则叫作动词性替代(verbal substitution)。例如:

[16] — Did you see Jim last week?

— I *did* on Thursday. (did = saw Jim)

[17] — I don't understand you, Inspector.

— You mean you don't choose *to do*, Mrs. Birling. (do = understand me)

另一种替代是分句性替代(clausal substitution),即被替代的词语不是名词词组,也不是动词词组,而是一个分句。例如:

[18] — Is it raining?

— I think *so*. (so = it is raining)

[19] — Is there going to be a snowfall?

— They say *not*. (not = there is not going to be a snowfall)

7.2.3 省略

省略是语篇中的某些词语被省略的现象。通常,被省略的词语一般可在语篇的上文中找到,因而,并不会影响我们对语篇的理解。省略与替代一样,也是表示语篇衔接的语法手段,同样可为名词性、动词性和分句性三种省略。名词性省略(nominal ellipsis)指语篇中名词词组或名词词组中的中心词的省略。例如:

[20] — Which last longer, the curved rods or the straight *rods*?

— The straight are less likely to break. (在 straight 之后省略了 rods)

[21] Four other *oysters* followed them. And yet another four. (在 four 之后省了 oysters)

[22] Tom had four *pints*, Frank had five. (five 后省略了 pints)

如果语篇中省略的是动词词组或动词词组的中心词,则为动词性省略(verbal ellipsis)。例如:

[23] Bob goes on Mondays. Tony on Tuesdays. (Tony 之后省略了动词 goes)

[24] — Has Frank *paid the bill* yet?

— Yes, he has. (has 之后省略了 paid the bill)

分句性省略(clausal ellipsis)指在一定的语篇上下文中整个分句或分句的绝大部分被省略的现象。例如:

[25] — Do you smoke?

— No.(此处省略了 I don't smoke)

[26] — Who's going to do the shopping?

— Mugging is.(此处省略 going to do the shopping)

[27] I kept quiet because Mary gets very embarrassed if anyone mentions John's name. I don't know why?（此处省略了 Mary gets very embarrassed if anyone mentions John's name）

7.2.4　连接

连接是指用一些过渡性词语或关联词语来体现语篇中句与句之间逻辑关系的手段。连接主要有以下几种类型：附加连接（additive conjunction）、转折连接（adversative conjunction）、因果连接（causal conjunction）和时间连接（temporal conjunction）。附加连接常用一些具有附加意义的连接词语，如 and、furthermore、besides、in addition 等，来提供更多的信息或表示事后的想法。例如：

[28] The party got to the summit and had their lunch. *And* they had time for a rest afterwards.

[29] The house isn't big enough for us, *and furthermore*, it's too far from the town.

转折连接就是使用有转折意义的连接词语来表示句际之间的转折关系。常用的这类连接词语有：but、yet、however、nevertheless、on the other hand、on the contrary、in any case 等。例如：

[30] He worked very hard. *Yet* he didn't pass.

[31] It's raining hard. *However*, I think we should go out.

[32] I can't follow your advice. *Nevertheless* thank you for giving it.

所谓因果连接，就是句与句之间的因果关系由表示因果的连接词语来显示的一种逻辑语义关系。用于此类连接的连接词语有：hence、therefore、so、consequently、as a result、otherwise 等。例如：

[33] He didn't pass this time *so* he will have to resist.

[34] I've never been to China and *therefore* I don't know much about it.

[35] The rain was heavy. *Consequently*, the land was flooded.

时间连接是表示句际之间在时间上的先后顺序的一种关系。常用

then、after that、previously、meanwhile、finally、from now on 等来表示。
例如：

[36] *First* he forgot his money, *then* he forgot his keys.

[37] They'll be here in 10 minutes. *Meanwhile*, we'll have some coffee.

[38] They talked about it for hours. *Finally*, they decided not to go.

7.2.5　词汇衔接

词汇衔接是指在语篇中词汇的重复,同义词、近义词、反义词以及上义词、下义词的使用所引起的连句作用。例如：

[39] There was a large *mushroom* near her. She stretched herself up on tiptoe, and peeped over the edge of the *mushroom*. (词汇重复)

[40] I turned to the *ascent* of the peak. The *climb* is perfectly easy. (同义词)

[41] Henry's bought himself a new *Jaguar*. He practically lives in the *car*. (其中 car 为上义词, Jaguar 是一种小轿车,为下义词)

[42] Although the river seems *placid* now, during the spring thaws it becomes a *ranging* river. (反义词)

7.3　连　贯

以上第二部分简要讨论了英语语篇中的句际衔接手段,但是,在语言的实际运用中,我们常常会碰到一些表面上虽无衔接而实际上仍然连贯的语篇。这就是说,在某些特定情况下,非语言因素也可起到连接上下文的作用。例如：

[43] Nancy: That's the telephone.

Ronald: I'm in the bath.

Nancy: O.K.

这段对话表面上并不连贯,但是,如果假设 Ronald 正在沐浴时来了电话,Nancy 叫他来接电话,便可引起这段对话。如果给这段话补充一些东西,就易于理解了。

[43a] Nancy: That's the telephone. (Can you answer it please?)

Ronald: (No, I can't.) I'm in the bath.

Nancy: O.K. (I'll answer it.)

也就是说,Nancy 叫 Ronald 来接电话,Ronald 说出了不能接电话的原因,然后,Nancy 便替 Ronald 接了电话。再如:

[44] A: Can you go to Edinburgh tomorrow?

B: B. E. A. pilots are on strike.

这两句对话表面上也没有任何衔接,B 只说出了不能去 Edinburgh 的原因,而没有直接回答 A 的问话,但交际双方都知道,B 经常乘飞机去爱丁堡,飞行员罢工,则飞机无人驾驶,因此,B 明天不能去爱丁堡。而这些非语言因素正好弥补了语言成分的不足,仍可使语篇连贯。因此,了解话语发生的具体环境,对于正确理解话语也是很重要的。

7.4　余　论

语篇中的衔接和连贯有着密不可分的联系,因为语篇是由句子构成的语义单位,单位与单位之间就必然存在着这样或那样的联系。一组句子要构成语篇,就必须是一个语义整体,既要满足连贯原则,也要满足衔接原则。一个语篇是否连贯取决于它是否能把该语篇的连贯表征建构出来,而语篇的衔接则是以衔接方式明确标示出该语篇的连贯性(Dirven & Verspoor 2004:184–185)。这是因为,即使是一个衔接的语篇,也首先是连贯的,否则,只能是一组互不相关的句子而不能是一个语篇。所以,语篇必须视为一种语义单位(SEMANTIC unit),而不能看作形式单位(Halliday & Hasan 1976:2)。由此可以认为,语篇中的连贯是从语义上说的,衔接是从语言形式上说的,但衔接必须是语义上连贯的,即衔接是连贯的显性表现形式。

8

英语存在句的主位
划分和语篇功能 [*]

8.1 引 言

在言语交际活动中,像例[1]和[2]这样的表达式,一般来讲,往往要改用[1a]和[2a]这样的存在句式。

[1] A picture is on the wall.

[2] A jacaranda tree was in the front garden.

[1a] There is a picture on the wall.

[2a] There was a jacaranda tree in the front garden.

从语法结构的角度来看,例[1]和[2]并无不妥,均是完全合乎英语语法的句子,但是,从语义和语用的角度来考虑,例[1]和[2]则与英语语句的已知信息在前、未知信息在后的最一般的信息分布规律不相一致。诸如[1a]和[2a]这样的存在句,由于使用了"无所指的"(non-referential) there 作为引导词,用于句首,使所要表达的语义重点处于新信息的位置

---

* 本章原载《解放军外语学院学报》1998 年第 2 期第 39—46 页,略有修改。

上,因而符合英语语句信息分布的一般规律。由此看来,英语之所以会使用存在句这种句式,是顺利进行言语交际的需要,是为一定的语义和语用目的服务的。

"存在句是一种表示'存在'的特殊句型。它的主要交际功能是传达新信息,引出新话题"(章振邦主编 1989:805)。"传达新信息"与存在句的语义结构有关,"引出新话题"则与其语用功能有关。因此,本章将从主位结构、信息状态和话语功能三个方面,对英语存在句进行一些探索性的语义语用分析。

8.2　存在句的主位结构

韩礼德在讨论主位问题时说,在(英语)日常谈话中,陈述句中较常用作无标记主位(unmarked Theme)的词项(item)首先是第一人称代词 I,其次是其他人称代词 you、we、he、she、it、they,再次是非人称代词 it 和 there,然后是名词性词组,并分别举了例子(Halliday 1985:44 - 45)。下面就是他所举的一个存在句的例子:

[3] There # were three jovial Welshmen.(符号"#"是主位和述位的分界标志。)

显然,韩礼德是把存在句中的 there 视为主位,把其余部分看作述位的。可是,这与他自己给主位下的定义不完全相符。他认为,"主位是信息的出发点,是要谈论的内容"(Halliday 1985:39, Halliday 1967:212)。很明显,存在句中的 there 虽然可以看作是信息的出发点,但并不是要谈论的内容,要谈论的内容是韩礼德划在述位中的名词性词组,如例[3]中的 three jovial Welshmen。我们由此可以认为,存在句中的 there 不宜分析为主位,因为在系统功能语法中,主位一般总要传递一定的信息;但是,存在句中的 there 本身并没有具体的语义内容,没有具体的所指,也不负载具体的信息,there 所传递的只是"零位信息"(徐盛桓 1996a),因此,there

不完全具备主位的条件。综上所述,我们不妨把 there + be 视为主位触发语(Theme-trigger)。主位触发语的作用是触发其后将要出现的主位。

加的夫语法(Cardiff Grammar)认为,英语中有三种"强势主位结构"(enhanced Theme construction)(Huang 1996：66)。其一是"经验"(experiential)型强势主位结构,即割裂句(cleft sentence),如例[4];其二是"评估"(evaluative)型强势主位结构,即所谓的"外位结构"(extraposed construction),如例[5];其三是"存在"(existential)型强势主位结构,即一般所说的存在句,如上例[1a]、[2a]和[3]。

[4] It was Becker who beat Lendl in the Wimbledon final.

[5] It was obvious to everyone that he had been lying.

加的夫语法把存在句视为一种强势主位结构是有道理的。所谓强势主位结构,实际上是有标记的(marked)主位结构。作为一种有标记的主位结构,英语存在句有其自身的结构特点和语用功能。从句法结构的角度看,英语存在句可分析为：there + 动词 + 名词性词组 + 补足成分。从语义角度来看,存在句这一强势主位结构可分析为：主位触发语 + 强势主位 + 述位。如表 8-1 所示：

表 8-1　存在句的语法结构和主位结构

	There	**are**	**a lot of nightclubs**	**in London**
a	there	动词	名词性词组	补足成分
b	主位触发语		强势主位	述位

表 8-1 中的[a]为句法结构分析,[b]为语义结构分析。由[b]可知,there 和 be 动词①一起构成主位触发语,其后的名词性词组(nominal group)是被"强化"(enhanced)了的强势主位。强势主位,根据其体现形式——名词性词组的复杂程度,可分为简单强势主位(simple enhanced Theme)和复杂强势主位(complex enhanced Theme)。如果用作强势主位

① 当然,在 be 动词的位置上也可使用像 appear、come、occur 之类的动词。例如：Not long after this, there occurred a sudden revolution in public taste. (Quirk, et al. 1985：1408)　实际上,像这样的句子严格来讲并不表示事物的存在,而是表示事物的出现或发生。因此,此类句子将不在本章中讨论。

的名词性词组后面带有不定式短语、V-ing 短语或定语从句等,则为复杂强势主位,如下例[6]、[7]和[8],否则,则为简单强势主位,如上例[1a]、[2a]和[3]。

[6] For Lizzie Dillon, there was nothing *to lose*.

[7] Look! There's a man *running up the left wing*.
Now he's got the ball.

[8] There was one thing *I didn't quite get from the commentary*.

表示时间或空间的补充成分可以看作述位,但由于本章主要讨论存在句的强势主位,对述位暂不详述。

8.3 存在句强势主位的信息状态

徐盛桓认为,一个信息单位(主位或述位)中可表现出五种基本的信息类型:零位信息—已知信息—推知信息—"已知 + 新"信息—新信息;而这五种信息类型又可能表现为不同的信息状态。他还根据信息状态的已知性(givenness)和新信息性(newness)程度的不同,将其排列为如下的梯度表(徐盛桓 1996a: 11):

[零位信息]—已知信息<推知已知信息<不完备已知信息<"已知 + 新"信息<推知新信息<新信息

这是对信息状态最一般的概括,具有很强的解释力。

那么,具体到存在句这一特殊句型,我们认为,there + be 作为主位触发语表示零位信息,其作用是引导出另一个信息,它本身虽不传递什么信息,但可以使交际者注意到将要出现的信息。由 there + be 所触发出的强势主位是一种特殊的有标记主位(marked Theme)。这种强势主位在话语交际中可以表示四种信息:(1) 新信息,如例[9];(2) "已知 + 新"信息,如例[10];(3) "新 + 已知"信息,如例[11];(4) 已知信息,如例[12]。

[9] *There are various ways of preparing nitrogen gas in the laboratory.* In small quantities, extremely pure nitrogen may be evolved by thermal decomposition of sodium or barium azide in a vacuum. Usually it is prepared by the removal of hydrogen from ammonia or its compounds in one or other of the following ways: …

例[9]中的存在句是一段话语的开首句,其中的强势主位"various ways of preparing nitrogen gas"是新信息,点明了制备氮气的各种各样的方法,下文接着分述制备氮气的具体方法。

[10] "I think you'd best tie yore horse to the endgate and git in the wagon with the kids," Lizzie said quietly.

There was something about her voice that made Bethany obey instantly, without question. She tied Star's reins to the back of the wagon; she got in the wagon and sat down on the suggan with the Dillon children.

从[10]这一上下文中可知,存在句强势主位中的"something about her voice"是可以从上文推知的已知信息,而这一复杂强势主位中的 that-分句则是上文尚未传递的新信息,说明 Lizzie 的话是十分威严的,致使 Bethany 马上服从。这还可以从下文中 Bethany 的一连串动作得到证实。

[11] Lieutenant: I've been reading your editorials, Mr. Davidson. You seem sold on the idea that trailer camps breed delinquency.

Walter: Lots of other people feel the same way.

Lieutenant: Uh huh. And *they're* wrong, too. (*grins*) I live in a trailer, Mr. Davidson.

Walter: Then *there's the possibility you might be prejudiced.*

这一对话片段表明,强势主位中的 the possibility 是 Walter 要表达的新信息,而"you might be prejudiced"则是可以从上文推知的已知信息。

[12] Like voters everywhere, Montanans are in a resentful mood, and Marlenee is adept at exploiting that resentment … To add to his troubles, Williams used to be chairman of the subcommittee

overseeing grants to the National Endowment for the Arts, and he firmly defended the agency against charges that it funded "obscene" art works.

That's what won him the support of Keillor, who said, "It's a measure of the man when he's courageous when it's not absolutely required of him."

But it has inspired the opposition of national conservatives, including Pat Robertson, who referred to Williams as "Pornography Pat."

Then *there is that resentment.*

显然,强势主位"that resentment"是交际双方均已知道的已知信息,而且"that resentment"同上文的"a resentful mood"和"that resentment"所形成的照应关系更证明了这一点。需要说明的是,强势主位 that resentment 虽然是已知信息,但重新提起则是为一定的语用目的服务的(详见 8.4)。

从语义角度看,存在句的强势主位可以区分为两类:"对比型"(contrastive type)和"非对比型"(non-contrastive type)。顾名思义,对比型强势主位就是在话语中表示同上文或下文的某一内容形成"对比"意义的强势主位;非对比型强势主位就是在话语中表示与上下文的任何内容都没有形成"对比"意义的强势主位。上例[9]—[12]均是非对比型强势主位。这些非对比型强势主位没有同各自上下文中的任何词项或成分形成对比,因此,它们表示的都是非对比性(non-contrastive)信息。以[9]为例,存在句出现在段首,下文内容是对强势主位所表达的新信息的阐发,二者没有产生对比意义,所以,此例中的强势主位传递的是非对比性新信息。

下面是对比型强势主位的例子。

[13] Tony shook hands solemnly. In the few months he had been north, he had learned the futility, sometimes the danger, of probing too deeply into the personal lives of the gold seekers who had rushed into the northland. The great majority of them were people in quest only of adventure and a chance at a quick fortune. *There were others*

among them — murderers, fugitives from the law, criminals who came north to forget entirely the life that had gone before.

[14] In this chapter I will begin with a brief discussion of Halliday's treatment of predicated theme and Fawcett's syntactic and semantic analysis of the construction. Although it can be argued that there is only a single predicated theme construction at the level of syntax, at the level of "meaning potential" — for instance, semantics — *there are two main types.*

[15] A digital computer is a counting device that operates on discrete data. It operates by directly counting numbers (or digits) that represent numbers, letters or other special symbols. Just as digital watches directly count off the seconds and minutes in an hour, digital processors also count discrete values to achieve the desired output results.

In contrast to digital processors, however, *there are also analog computers that do not compute directly with numbers.* Rather, they deal with variables that are measured along a continuous scale and are recorded to some predetermined degree of accuracy.

以上三例中的存在句强势主位均是对比型的。在[13]中,强势主位中的 others 同上文中的"the great majority"形成对比。在[14]中,强势主位"two main types"同上文的"a single predicated theme construction"构成对比。[15]中的强势主位"analog computers that do not compute directly with numbers"与上文中的"a digital computer"和"operates by directly counting numbers"形成对比。所以,这些强势主位表示的都是对比性信息。从信息的性质来看,[14]中的强势主位表示的是对比性新信息,而[13]和[15]中的强势主位表示的则是对比性"新 + 已知"信息。

至此,我们可以说,存在句强势主位有对比型和非对比型之分。对比型强势主位可以表示对比性新信息或对比性"新 + 已知"信息。非对比型强势主位不表示对比意义。这类强势主位可以表示新信息、"新 + 已知"信息、"已知 + 新"信息或已知信息。以上分析可表示为图 8 - 1。

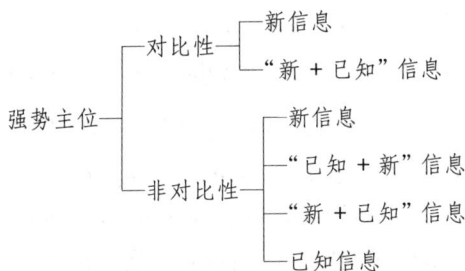

图 8-1　强势主位及其信息状态

8.4　存在句强势主位的语篇功能

从语用的角度讲,存在句在言语交际中可以通过其强势主位体现出不同的语篇功能(textual function)。迪克就曾提到,存在句具有引入、保持和更新"语篇话题"(textual topics)的语篇功能(Dik 1989:179),但是,这并未能完全概括出存在句的语篇功能。根据我们的观察,存在句强势主位可以有如下几种语篇功能:语篇引发(introducing)功能、语篇展开(developing)功能和语篇小结(summing-up)功能,每种语篇功能还可再分为若干次功能。现详述如下:

语篇引发功能就是用存在句的强势主位为语篇交际提供一个话题或情境。话题就是语篇中将要谈论、说明或叙述的人或事;情境则是语篇所述事件发生的时间范围或空间范围。

若存在句提供的是一个话题,可叫作话题导入(topic-introducing)功能;如果提供的是一个情境,则可称为情境设定(situation-setting)功能。具有这两种功能的存在句往往用作语篇的开头,其中的强势主位表示的总是新信息。所谓话题导入就是开门见山地为语篇导入一个话题(topic),以供下文谈论之用。例如:

[16] *There was once a king of England whose name was John.* He was a bad
king; for he was harsh and cruel to his people, and so long as he

could have his own way, he did not care what became of other folks. He was the worst king that England ever had.

这是一则西方传说故事的首段,而且第一句就是存在句。这一存在句为该故事提供了一个话题,即"a king of England",下文则是围绕这一话题展开的。这还可以直接从"a king of England（John）"同后面的五个 he 和两个 his 之间所形成的照应关系得到证实。由此还可看出,该存在句的强势主位,毫无疑问,是新信息。

情境设定就是直接为语篇设定一个情境,以使下文在这一情境内展开。例如:

[17] It was a dark September morning. *There was a storm at sea.* A ship had been driven on a low rock off the shores of the Farne Islands. It had been broken in two by the waves, and half of it had been washed away. The other half lay yet on the rock, and those of the crew who were still alive were clinging to it. But the waves were dashing over it, and in a little while it too would be carried to the bottom.

此例也是一则西方传说故事的第一段,其中的存在句为该故事的发展设定了一个情境(即 a storm),下文所描述的故事就是在这一情境内展开的,因此,由 there + be 触发出的强势主位 a storm 理应看作新信息。

语篇展开功能是指在交际的进程中,为保证语篇继续进行,存在句可以用来提出(providing)新话题(new topic),重新提及(picking-up)旧话题(given topic),或列举(listing)同一个话题的不同种类。

提出新话题是指,在交际过程中,交际者使用存在句这一强势主位结构引入新的话题,使交际进一步展开。例如:

[18] Mr. Marsh: … How does that suit you?

Mr. Weston: Tow days. That brings us to Thursday morning, doesn't it?

Mr. Marsh: Thursday, yes.

Mr. Weston: And I did understand you to say that we could continue working at week-ends.

Mr. Marsh: Yes, that's right.

Mr. Weston: Well in that case Thursday morning will suit us very well. I'll put it in hand straight away.

Mr. Marsh: Good.

Mr. Weston: Now *there is one other matter that I'd like to discuss briefly with you* if you can spare the time. I'm not keeping you from anything, am I?

Mr. Marsh: No, I do have a meeting in about half an hour, but I'm at your disposal until then, so please carry on, Mr. Weston.

Mr. Weston: Well this is a point which concerns the outlet duct for the main ventilator.

[19] Bill: ... How did Fellows shape at centre-half?

Alan: Very nice. He had a very nice game. Steady. Took care of the centre-forward, and kept pushing lovely passes up the middle and out to the wings.

Bill: *There was one thing I didn't quite get from the commentary* — why was Parsons booked in the second half?

Alan: Oh well, it was silly really. Their outside-left had been giving him a bit of a rough time — hanging on to his shirt and that sort of thing, you know — and Parsons got fed up and hit him a bit too hard with one tackle. He went down like a ton of bricks, and started appealing to the ref and all that, and so the ref comes rushing up and books poor old Parsons.

例[18]是一次电话谈话的中间部分,在 Weston 与 Marsh 谈妥一件事之后,Weston 用了一个存在句提出他还有一事(one other matter)要同 Marsh 商谈,从而使谈话以此存在句强势主位作为新的话题继续进行下去。例[19]是有关一场足球评论的对话中的一部分。Bill 在了解了一些情况之后,对评论仍有一事不明。Bill 同例[18]中的 Weston 一样,也是用存在句提出了一个新话题,对话也就以此为新的基点继续展开下去。例[18]和[19]中的存在句强势主位既然是为下文提供了新的话题,表示的也就是新信息了。

重新提及旧话题是交际者为了引起对方对已经谈及的话题的再次注意,用存在句将双方已知的话题重新提出,使语篇交际继续展开。例如:

[20] Mr. Rummel: Well, didn't the designer of the orbiter, the manufacturer, develop maintenance requirements and documentation as part of the design obligation?

Mr. Collins: Yes, sir. And that is what we showed in the very first part, before the Pan Am study. *There were those other orbiter maintenance and requirement specifications*, which not only did processing of the vehicle, but in flow testing, pad testing, and what have you, but also accomplished or was in lieu of an inspection plan.

[21] I think there was one flight where we had one problem. It wasn't ours, but *there was that one flight*. Other than that, I believe the answer to the remaining flights is yes.

在例[20]中,Collins 回答完 Rummel 的问题之后,用存在句再次提起双方已知的话题,目的是要对此做进一步的说明,即存在句强势主位之后的非限定性定语从句所表达的内容。另外,由这一强势主位中的 other 一词可知,该强势主位虽然是双方已知的话题,但表示的并不全是已知信息,而是包含有一定的新信息和已知信息的混合信息。在例[21]中,存在句的强势主位 that one flight 显然是对上文 one flight 的重复,但正是这一重复才是下文得以展开的基点。试想,如果没有这一存在句,例[21]很可能是难以理解的,甚至是不能接受的(unacceptable)话语片段。在例[21]和例[12]中,存在句强势主位中的 that 一词表明,强势主位既是已知的话题又是已知信息。

交际者为了说明某一问题,有时可以连续使用多个存在句,对第一个存在句强势主位所提出的话题,以分类列举的方式,进行多方面的阐发,从而使语篇不断展开。这就是存在句的话题列举功能。在下例中,作者首先用一个存在句提出 courage 这一话题,然后又连续三次使用存在句,列举出了另外三种 courage,从而达到了对 courage 这一话题多方面阐发的目的。在这种情况下,如果说第一个存在句强势主位表示新信息的话,其后各个存在句的强势主位表达的则是"已知 + 新"信息。

[22] *There is, I suppose, something that has to do with courage in the business of deep-sea diving*, but it never occurs to me that the word which means valor on the battlefield and sacrifice in the wars of peace has anything to do with me or my business.

Courage, it seems to me, is simply something that keeps logic from working, and allows a recklessness to operate which ordinarily would be termed irrationality …

There is, of course, another kind of courage — and that, I think, is what is meant by the word. It is the courage which goes forward when logic is operating unhampered, and fight is right there, ruling your emotions …

There is also the courage that rises from a religious principle instilled into men for two thousand years — the principle of brotherly love. That causes a man to go to the aid of another man in peril …

And *there is still another kind of courage*, which all men must have who deal with animals.

现在我们谈存在句的语篇小结功能。这种功能在于,交际者有时可以用存在句对某一语篇内容做出"断言"(assuring)式小结或"悬念"(pending)式小结。断言式小结是交际者用存在句这一句型来表达自己对语篇中上文所述内容的结论性观点。例如:

[23] It must be pointed out that *there are, of course, functions other than those presented in Figure 2.7 above*, and that it simply reports our thinking at this stage of our research.

此例是一论文中的一个小节的末段,其中的存在句是作者对上文所述内容的断言式小结,即作者认为除上表所列出的功能之外,还有其他功能。

悬念式小结是交际者使用存在句对语篇内容作一展望性或预言性的小结。例如:

[24] But we still know relatively little about the magnificent organization of bee society. For instance, in spite of the painstaking studies of

Von Frisch and others, we probably understand only a very small part of bees' language. Even the professor himself points out that *there are plenty of exciting discoveries still to come.*

这是一篇题为"Have You Ever Seen a Bee Dancing"的文章的末段。该文作者在谈了很多有关蜜蜂在找到蜜源后如何以各种飞舞姿态,把蜜源的距离、蜜质、蜜量等信息告诉给同伴之后,认为人类对蜜蜂的群体组织以及蜜蜂的"语言"仍然知之甚少。最后,作者在篇末用了一个存在句对全文作出了展望性的小结,认为对于蜜蜂的研究还会有大量的有趣的发现。

从例[23]和例[24]可以看出,具有话语小结功能的存在句的强势主位表示的是混合信息,即"已知＋新"信息或"新＋已知"信息。

至此,我们讨论了存在句的三种语篇功能及其七种次功能,同时也论及了具有不同语篇功能的存在句的强势主位所表示的各种信息状态。如果将二者对应起来,我们可得出如图8-2所示的结论:

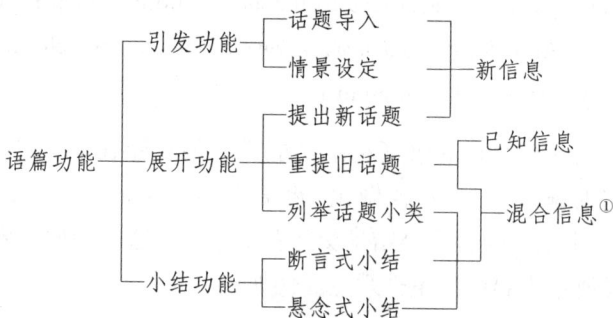

图8-2 强势主位的语篇功能与信息状态

8.5 结 语

从主位结构来看,英语存在句中的 there 虽然位于句首,但不能分析

---

① "混合信息"是指"已知＋新"信息或"新＋已知"信息。

为主位,而应和 be 一起分析为主位触发语,其后的名词性词组则为主位,处于句末的地点补足成分为述位。存在句中作主位的名词词组实际上是一种强势主位。这种强势主位通常表达对比性信息和非对比性信息,对比性信息可以是新信息,也可以是"新＋已知"信息,非对比性信息可以是新信息、"已知＋新"信息、"新＋已知"信息或已知信息。从语篇的角度来看,存在句中的强势主位具有话语引发功能、展开功能和小结功能。引发功能既可以为语篇的发展导入话题,也可以为语篇的发展设定情景;展开功能可以为语篇发展提出新话题、重提旧话题或列举话题小类;小结功能可以对语篇进行断言式小结或悬念式小结。强势主位的话题导入功能和情景设定功能通常传递新信息;提出新话题功能传递新信息,重提旧话题可以表达已知信息或混合信息;话题列举功能、断言式小结功能和悬念式小结功能表达混合信息。

9

英语处所主语小句的
形成机制和主位特性*

9.1 引　言

　　语法隐喻(grammatical metaphor)是由系统功能语言学创始人韩礼德
提出的。他在 1976 年首次使用了"语法隐喻"这一术语。该术语涵盖形
态隐喻、词汇隐喻和句法隐喻。到 1985 年,韩礼德在其《功能语法导论》
中正式提出了语法隐喻理论(姜望琪 2014),并将其区分为概念语法隐喻
(ideational metaphor)和人际语法隐喻①(interpersonal metaphor) 两大类。
"概念语法隐喻涉及识解现实的不同方式,人际语法隐喻提供表达情态意
义和语气意义的不同可能性"(Taverniers 2004: 26)。韩礼德在讨论概念
语法隐喻时举了下面的例子:

　　[1a] They arrived at the summit on the fifth day.

＊　本章原载《北京科技大学学报》(社会科学版)2015 年第 4 期第 1—8 页,略有修改。
①　为了避免与雷考夫(George Lakoff)等在认知语言学中提出的概念隐喻(conceptual
　　metaphor)(Lakoff & Johnson 1980;Lakoff 1993)相混淆,这里参照朱永生(1994)的
　　译法,把 ideational metaphor 和 interpersonal metaphor 分别译为"概念语法隐喻"和
　　"人际语法隐喻"。

［1b］The fifth day saw them at the summit.

在［1b］中,原为表示时间的环境成分"the fifth day"被"打扮"
(dressed up)为参与者,使其成了"看到"他们到达的旁观者(Halliday
1985:322)。这样,［1b］就成为概念语法隐喻之例。同样,原为表示处所
的环境成分 the summit 也可以被打扮成参与者而目睹他们的到达,如
［1c］所示:

［1c］The summit saw them on the fifth day.

从语法分析的角度看,例［1a］—［1c］中的 they、the fifth day 和 the
summit 均为主语,但这些主语所具有的意义和概念功能是不一样的。按
照韩礼德的及物性系统(transitivity system)理论,例［1a］中的 they 具有人
称意义,为物质过程小句中的动作者;在例［1b］中,the fifth day 具有时间
意义,为心理过程小句中的感知者;而例［1c］中的 the summit 虽然也是心
理过程小句中的感知者,但表达的却是处所意义。据此,不妨把例［1b］这
样以具有时间意义的名词词组为主语的句子称为时间主语小句,而把例
［1c］这样以具有处所意义的名词词组为主语的句子叫作处所主语小句。
根据韩礼德的语法隐喻理论,例［1a］属于一致式(congruent)小句,而例
［1b］和例［1c］则属于隐喻式(metaphorical)小句。本章将在韩礼德系统
功能语言学理论框架内,以其语法隐喻理论为指导,探讨英语处所主语小
句的形成机制和主位特性。

9.2　英语处所主语小句的界定

主语是语句中的一个非常重要的句法成分。人们在使用语言说出话
语时,往往要选用某一成分并将其置于主语的位置之上。这在语言中通
常会呈现出这样一种倾向:

［2］施事＞接受者/受益者＞客体/受事＞工具＞处所(AGENT ＞

RECIPIENT / BENEFACTIVE > THEME / PATIENT > INSTRUMENT > LOCATION）（Saeed 2009：159；参见 Dik 1981：70, 1997：266；Givón 1984：139）。

这是一个优先性依次减弱的倾向性序列。这一序列表明，施事是说话人优先选用作主语的成分，处所则是最后选用作主语的成分。由此可知，处于末端的处所用作主语是最不常见的，或者说是有标记的。因此，处所一旦用作主语，肯定有其自身的独特性。

实际上，这一序列中的"施事""接受者""受益者""客体""受事""工具"和"处所"是按照语句成分在句中所具有的语义功能划分出来的语义角色（semantic roles）或语义格（case）（参见 Fillmore 1968, 1977）。例如：

[3] John opened the door with the key.

[4] The door was opened with the key by John.

[5] The door opened.

[6] The key opened the door.

例[3]—[6]描述的是同一活动或事件，即"the opening of the door"，只是各句的侧重有所不同。也就是说，例[3]—[6]是同一活动或事件的不同语言表达式。在例[3]中，John、the door 和 with the key 按照语法功能分别为主语、宾语和状语，按照其语义角色则分别为施事、受事和工具。但是，在例[4]中，受事 the door 为被动句中的主语，在例[5]这一中动句中，the door 为主语，但其语义角色仍然是受事。在例[6]中，the key 虽为主语，但其语义角色仍是工具。而上例[1c]中的 the summit 虽然是主语，但其语义角色则仍然是处所。

据此，我们可以这样来定义英语处所主语小句：如果一个语句的主语具有标示状态（state）或活动（action）的地点（place）这样的处所语义角色，那么，这种语句就可以称为处所主语小句（locative-subject clause）（参见 Quirk, et al. 1985：747）。例如：

[7] *This path* is swarming with ants.

[8] *This stadium* has seen some thrilling contests.

从这两个例子可以看出，处所主语小句中的主语所标示的处所必须是某一活动所发生的具体地点,即具体的空间处所(spatial location)。例[7]中的主语 this path 为蚂蚁集聚这一活动发生的空间处所。在例[8]中,主语 this stadium 不仅是 some thrilling contests 发生的空间处所,而且是 some thrilling contests 发生的目睹者。实际上,从语法的角度来看,这两例中的主语原本为表示地点的环境成分,即地点状语,如例[7a]—[8a]所示,只是说话人在使用语言过程中所选择的谈论视角不同的缘故而成为语句展开的起点,进而占据了语句中主语的位置。在这种情况下,原为环境成分的地点状语要成为主语,其中的介词必须略去,而只有其中的名词词组被用作主语,如例[7]—[8]所示。

[7a] Ants are swarming *all over this path*.

[8a] There have been some thrilling contests *in this stadium*.

由此可知,处所主语小句中的主语实际上与原为环境成分的地点状语有着密切的关系。因此,这类主语具有不同于其他类型主语的独特性,它们并不是谓语的描述对象,而是谓语所述内容发生的空间处所。这就表明,这类处所主语小句揭示的是人们在识解经验时所采用的不同方式。根据韩礼德的语法隐喻理论,这类英语处所主语小句属于概念语法隐喻的范畴。下面着重讨论英语处所主语小句的形成机制和主位特性。

9.3 英语处所主语小句的形成机制

9.3.1 语法隐喻及一致式和隐喻式的关系

"语法隐喻根植于语言的语法之中"(Taverniers 2004:26)。韩礼德认为,语法隐喻不同于传统修辞学中的隐喻,不是"从下往上"把隐喻看作给定表达式在意义上的变化,而是"从上往下"把隐喻看作给定意义在表达式上的变化。也就是说,语法隐喻①本质上是给定意义在语法形式（grammatical forms）上的变化（Halliday 1985：320 - 321,1994：342）,是表达"同一"意义的不同方式（Thompson 2004：221）。所以,语法隐喻不是一种词汇现象,而是一种词汇语法（lexicogrammatical）现象（Halliday 1985：320,1994：341）。

语言的功能之一就是表现人类活动经历的概念功能,其体现形式为及物性系统。该系统将各种经历按其性质或特点编入语言,从而通过语言来反映人类各种活动过程（process）、过程的参与者（participant）以及与过程有关的环境因素（circumstantial elements）（参见朱永生 1994）。系统功能语言学把人类社会的各种活动经历分为物质（material）过程、心理（mental）过程、关系（relational）过程、言语（verbal）过程、行为（behavioral）过程和存在（existential）过程这样六种不同的过程类型（process type）（详见 Halliday 1985,1994；胡壮麟等 2005）。韩礼德指出,小句的概念功能是一种过程的表征。在这一过程表征中,说话人需要依次做出三次选择:首先选择过程的类型,其次选择及物性功能的配置,最后是对词组或短语的选择（Halliday 1985：321,1994：343）。这是一个逻辑严密的选择顺序。过程的选择是首要的,决定着过程的类型。只有过程类型确定后,才能配置相应的及物性功能。只有及物性功能配置后,才能选择相应的词组或短语。同时,这也是一个体现与被体现的顺序,后一选择体现前一选择,前一选择被后一选择体现。但是,前一选择是关键性的,是后一选择的依据。后一选择是实现前一选择的手段或方式。韩礼德还指出,这一选择顺序也是一种框架（framework）,是一种从意义到措辞的实现方式（Halliday 1994：343）。

---

①　韩礼德的语法隐喻理论自 1985 年正式提出后,一直在不断发展与完善。自《功能语法导论》1994 年第二版之后,语法隐喻理论发生了较大的发展与变化。尤其是在研究了科技语篇之后,韩礼德认为语法隐喻主要是名词化（nominalization）。学界也给予了语法隐喻研究以极大的关注,新近的研究参见韩礼德（Halliday 1995,1998,2002,2004,2014）,韩礼德和马蒂森（Halliday & Matthiessen 1999）,西蒙-范登伯根等（Simon-Vandenbergen, et al. 2003）,塔弗尼尔斯（Taverniers 2002,2004,2006）,胡壮麟等（2005）,何伟（2008）,朱永生、严世清（2011）,彭宣维（2013）,张德禄、雷茜（2013）,张德禄、董娟（2014）,姜望琪（2014）,等等。姜望琪（2014）把韩礼德在《功能语法导论》第 1 版（1985）和第 2 版（1994）中提出的语法隐喻理论称为标准版,把 1990 年代中期以后的语法隐喻理论称为完善版。根据本章的研究对象和目标,我们主要采用韩氏的标准版语法隐喻理论。

从某种意义上讲,这三个步骤的选择决定着小句的体现形式到底是一致式(congruent)还是隐喻式(metaphorical)。也就是说,人们在运用及物性系统反映人类的各种经验活动时,既可以选择使用与客观现实相符的一致式,也可以选择使用与客观现实不相符或不完全相符的隐喻式。杰夫·汤普森(Geoff Thompson)认为,语法隐喻表征的是一种认识世界、谈论世界的不同方式。隐喻式和一致式并无优劣之分,只是两者的作用不同而已。实际上,一致式和隐喻式之间并不是一种非此即彼的绝对关系,而是一种程度不同的相对关系(Thompson 2004:223 - 224),两者分别处于同一连续统(continuum)的两端(Halliday & Matthiessen 1999:235),如图 9 - 1 所示。

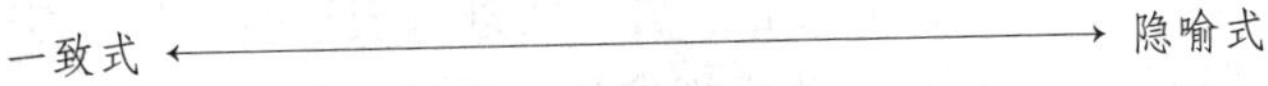

一致式 ←————————————————————————→ 隐喻式

图 9 - 1 一致式与隐喻式连续统

由此可知,无论是一致式还是隐喻式,都是语言的意义潜势,都是可供人们选择使用的表达方式。"它们之间是一种互补关系,均为语言系统的有机组成部分"。然而,"隐喻式是对语言系统的扩展,是运用语法手段把一个意义'打扮'为另一个意义的方式"(Martin, et al. 2010:100,171)。因此,"隐喻式给人们提供的意义潜势是一致式所无法提供的"(Halliday 2004:641, 2014:715)。之所以如此,是因为隐喻式和一致式反映了人们认识世界、谈论世界的不同方式,也就是人们识解经验的不同方式。

9.3.2 处所主语小句的形成机制

韩礼德在标准版语法隐喻理论中指出,隐喻式是在以一致式为参照的前提下说的。任何隐喻式都对应于一个,甚至一个以上的一致式。换句话说,任何给定的语义配置,总是在词汇语法层的措辞中存在着一个一致式,或许也存在着一个或多个隐喻式(Halliday 1985:321,1994:342)。这就是说,隐喻式和一致式之间有着某种对应关系。从这一意义上讲,隐喻式是基于一致式形成的。这是因为,"语法隐喻所体现的就是句子之间的关系","就是一种结构向另一种结构的转换"(Panther & Thornburg

2009：14，23）。据此可以认为，英语处所主语小句，作为一种概念语法隐喻小句，很可能是以对应的一致式为基础，通过一定的方式形成的。

概念语法隐喻主要涉及的是及物性过程。一个过程可以转换为另一个过程。随着过程的转换，小句成分的功能可以相互转换或隐喻化，被转换的功能成分在词汇语法层体现时又可以从一个形式转换或隐喻为另一种形式（参见胡壮麟等 2005：297）。这就表明，要讨论隐喻式，就不可避免地要涉及一致式。因此，所谓过程的转换、小句成分的功能转换和体现形式的转换，实际上都是相对于一致式而言的。也就是说，对隐喻式的探讨要基于一致式来进行。

作为不同于一致式的隐喻式小句，英语处所主语小句反映的是人们识解情景的特定方式，是在词汇语法层面进行表达时运用一定的转换或隐喻化手段所实现的结果。我们把这种结果产生时人们可能运用的转换或隐喻化手段称为此类小句的形成机制。这一形成机制包括过程转换、成分功能转换、成分结构转换和拟人化四个次机制。过程的转换就是由一及物性过程转换为另一及物性过程。成分功能的转换是指小句成分随着过程的转换由一功能转换为另一功能。成分结构的转换是指小句成分在过程和成分功能的转换中由一种形式转换为另一种形式。拟人化机制就是实体的拟人化（personification），就是无生命（inanimate）实体被拟人化为有生命（animate）实体，即"有意识的生命体"（conscious being）（Halliday 1985：325，1994：346）。

我们所收集的样例显示，英语处所主语小句，按照及物性过程的类型，有环境关系过程处所主语小句和心理过程处所主语小句两大类，分别如例［9］和例［10］所示。

［9］The kitchen crawls with ants.

［10］The hall's unique oval-shaped stage has seen wonderful performances.

环境关系过程处所主语小句的形成所涉及的过程转换通常为物质过程转换为环境关系过程，成分功能的转换为环境成分转换为载体成分，动作者成分转换为环境成分，伴随着过程和成分功能的转换，在词汇语法层体现时，原为环境成分的介词短语转换为充当载体的名词词组，而原为动作者成分的名词词组则转换为充当环境属性的介词短语。例如：

［11］The garden swarms with bees.

[12] The streets bustled with people.

例[11]—[12]均为概念语法隐喻小句,属于环境关系过程小句,其中的 the garden 和 the streets 为载体,with bees 和 with people 为表示属性的环境成分。可能与这两例对应的一致式[11a]和[12a]则是物质过程小句,其中的 bees 和 people 为动作者,in the garden 和 in the streets 则为表示处所的环境成分。

[11a] Bees swarm in the garden.

[12a] People bustled in the streets.

由此可以认为,隐喻性环境关系过程处所主语小句的形成通常需要经过以下三个步骤的转换来实现:

(1) 物质过程——→环境关系过程

(2) 处所成分——→载体成分;动作者成分——→环境属性成分

(3) 介词短语——→名词词组;名词词组——→介词短语

具体来讲,例[11]的形成首先是由物质过程转换为环境关系过程,过程的转换又引起了成分功能的转换,即原为处所成分的 in the garden 转换为载体成分 the garden,而原为动作者的 bees 则转换为环境属性成分 with bees;过程和成分功能的转换又引起成分结构在形式上的转换,即原为处所成分的介词短语 in the garden 因转换为载体成分而转换为名词词组 the garden,而原为动作者的名词词组 bees 因转换为环境属性成分则转换为 with bees 这一介词短语,如图 9-2 所示。

Bees	swarm	in the garden
参与者 动作者 (名词词组)	过程 物质	环境 地点 (介词短语)
The garden	swarms	with bees
参与者 载体 (名词词组)	过程 关系 环境	环境 属性 (介词短语)

图 9-2 环境关系过程处所主语小句的形成

　　从图 9-2 可以看出,这类隐喻性处所主语小句和对应的一致式小句之间存在着明显的转换关系,隐喻式是基于一致式形成的。例[12]的形成可以以此类推。

　　隐喻性心理过程处所主语小句的形成所涉及的过程转换可以是物质过程向心理过程的转换,如例[1c],也可以是存在过程向心理过程的转换,如例[13],成分功能的转换为处所成分向感知者成分的转换,动作者成分或存在者成分向现象成分转换,随着过程和成分功能的转换,在词汇语法层体现时,原为处所环境成分的介词短语转换为充当感知者的名词词组。除这三个步骤外,此类小句的形成还需要拟人化机制的参与。拟人化在认知语言学中属于概念隐喻,是源域(source domain)向目标域(target domain)映现的结果(参见 Lakoff & Johnson 1980: 33-34)。通过拟人化这一认知隐喻机制,无生命的处所实体变成了有生命的实体,获得了人的某些能力,从而能够像人一样感知客观世界所发生的事情。试比较例[13]和例[13a]:

　　[13] Beijing witnesses a temperature rise on Sunday.

　　[13a] There is a temperature rise in Beijing on Sunday.

　　这两例表征的均为北京的气温上升这样的事实,但表征的方式不同。例[13]是隐喻式,为心理过程小句,而例[13a]是一致式,为存在过程小句。前者是基于后者通过语法隐喻手段而形成的表达式。若以例[13a]这样的一致式为参照,隐喻性心理过程处所主语小句的形成通常涉及以下四个步骤:

　　(1)存在过程──→心理过程

　　(2)无生命实体──→有生命实体

　　(3)处所成分──→感知者成分;存在者成分──→现象成分

　　(4)介词短语──→名词词组

　　具体来讲,例[13]的形成首先是由存在过程转换为心理过程,与此同时,还要发生拟人化,使无生命的处所实体成为有生命的实体。过程的转换和拟人化的发生又导致成分功能的转换,即原为处所成分的 in Beijing 转换为感知者成分 Beijing,而原为存在者的 a temperature rise 则转换为现象成分;过程和成分功能的转换又引起成分结构的形式转换,即原为处所成分的介词短语 in Beijing 因转换为感知者成分而转换为名词词组

Beijing,但原为存在者的名词词组 a temperature rise 在转换为现象成分时仍为名词词组,如图 9-3 所示。

There	is	a temperature rise	in Beijing	on Sunday
	过程 存在	存在者	环境 地点 (介词短语)	环境 时间
Beijing	witnesses	a temperature rise		on Sunday
参与者 感知者 (名词词组)	过程 心理 知觉	参与者 现象		环境 时间

图 9-3　心理过程处所主语小句的形成

图 9-3 清楚地表明了心理过程处所主语小句的形成过程中所发生的过程转换、成分功能转换和成分结构转换。但需要注意的是,表示心理过程的 witnesses 是一致式中没有出现的词项,应属于词汇隐喻(lexical metaphor)(参见 Halliday 1994: 346)。可能正是这一词汇隐喻才使原为处所环境成分的 Beijing 被拟人化为一个有意识的生命体得以体现,才显示出被拟人化了的 Beijing 可以像人一样拥有了目睹气温上升的知觉能力。

由以上分析讨论可知,及物性过程决定着小句的过程类型。在英语处所主语小句的形成机制中,转换机制的性质和作用是不同的,或者说,是有主次之分的。其中,过程的转换是首要的,是决定性的,成分功能的转换是由过程转换引起的,而成分结构的形式转换则是由成分功能的转换引起的。也就是说,过程的转换决定着成分功能的转换,成分功能的转换又决定着成分结构在形式上的转换。拟人化则是伴随着某一过程转换为心理过程而发生的。

9.4　处所主语小句的主位特性

韩礼德曾经指出,语言在使用中的基本单位不是词,也不是句子,而是"语篇"。在语篇中,小句被组织为一个个消息(message),这样,小句不仅具有及物性结构,而且具有自身的消息结构,也就是"主位"结构("thematic" structure)。英语小句包括主位(Theme)和述位(Rheme)两部分(Halliday 1970:160-161)。主位①是小句中具有信息出发点作用的成分,是小句关涉的对象,小句中的其余部分是对主位的发展,为述位。在英语小句中,主位是由其位置决定的。把一个成分置于句首就表明它具有主位地位(Halliday 1994:37,2004:64-65)。主位有无标记(unmarked)和有标记(marked)之分。典型的主位类型是主位与主语重合,这样的主位叫作无标记主位。主位也可以不是小句的主语,这样的主位叫作有标记主位(Halliday 1994:43-44,2004:73)。例如:

[14] *Mary* had a lamb.

[15] *On Saturday night* I lost my wife.

例[14]中的主语和主位是重合的,Mary 处于句首,既是主语,也是主位,因此是无标记主位。而在例[15]中,主语和主位是分开的,I 为主语,处于句首的是时间环境成分 on Saturday night,为有标记主位。

韩礼德在以[1a]和[1b]为例讨论一致式和隐喻式之间的关系时指出,一致式和隐喻式的差异在于两者的不同语法功能。例[1a]为一致式,例[1b]为隐喻式,在一致式中原为时间环境的成分(即 the fifth day)被隐喻为感知者。而选择隐喻式的理由可能是把时间成分用作无标记主位(unmarked Theme)(参见 Halliday 1985:325,1994:346)。由此可以推知,选择使用隐喻性的处所主语小句就是把处所成分用作无标记主位。实际上,与其对应的一致式的主位也是无标记主位。但是,隐喻式的处所主语小句的无标记主位和与其对应的一致式的无标记主位的性质是不同的。以[1a]和[1c]为例,按照及物性结构,前者的无标记主位 they 为物质过程中的动作者,而后者的无标记主位 the summit 则是心理过程中的感知者。

不仅如此,隐喻性处所主语小句中的主位由于其本身的语义特性而不同于其他类型的无标记主位。这样的无标记主位可以是信息的出发

---

① 主位结构理论自韩礼德提出后,引起了系统功能语言学界的高度重视和广泛讨论。关于主位概念的嬗变可参看姜望琪(2007);关于主位和主语的关系可参看韩茹凯和弗里斯(Hasan & Fries 1995)。

点,但不是小句所关涉的对象,而是小句中述位得以展开的地点,因为"处所识解的是过程在时空中展开的地点"(Halliday 2004：265)。试比较：

[16a] The field glowed with fireflies.

[16b] Fireflies glowed in the field.

[17a] Florida experiences a lot of hurricanes.

[17b] There are a lot of hurricanes in Florida.

从及物性结构来看,例[16a]是一个环境关系过程处所主语小句,主语 the field 为载体成分。从主位结构来看,这一载体成分为无标记主位,也是小句信息的出发点,但不是小句述位关涉的对象,而是述位中萤火虫发光这一过程发生的空间处所。与例[16a]相对应的一致式例[16b]则是一个物质过程小句,主语 fireflies 为动作者成分,既是无标记主位,也是小句信息的出发点,而且是小句述位所述的对象,即小句述位说明的是主位 fireflies 的行为动作。例[17a]是一个心理过程处所主语小句,主语 Florida 为感知者成分,是龙卷风的经历者和体验者,作为无标记主位,也是小句信息的出发点,但不是小句所关涉的对象,而是龙卷风发生的空间处所。而与其对应的一致式例[17b]则是一个存在过程小句,根据韩礼德的观点,位于句首的 there 可以算作主位[①],但因其无所指性(non-referential),不可能成为述位所关涉的对象,其作用是引起听话人注意将要引入的内容,所以,韩礼德把存在小句解释为"呈现结构"(presentative construction)(Halliday 2004：257)。兰艾克(Ronald W. Langacker)的看法与此相似。他认为,存在句是一种呈现框架(presentational frame),其作用是引出新的实体(Langacker 2001)。

由此可知,英语处所主语小句既可以是环境关系过程小句,也可以是心理过程小句。这两类处所主语小句均为概念语法隐喻小句,其主语表达的是空间意义,因此,英语处所主语小句中的主语虽为无标记主位,但不是述位所谈论的对象,而是述位所述内容展开的空间处所。这是因为"一个成分被隐喻化后并未失去其原本的特性"(Halliday & Mathiessen 1999：271)。实际上,处所主语小句中的主语原本就是其对应的一致式中的地点环境成分。这一成分被隐喻化为处所主语小句的主语后,仍保留

---

① 关于存在过程小句中的主位问题,学界有不同的看法,可参见本书第 8 章。

了原有的空间处所这一本义。

9.5　结　语

以上几节从定义、形成机制和主位特性三个方面对英语处所主语小句进行了探讨。所谓处所主语小句，就是其主语具有标示状态或活动的地点这样的处所语义角色的小句。这种小句属于概念语法隐喻小句，其形成机制包括过程转换、成分功能转换、成分结构形式转换和拟人化，其中，过程的转换具有决定性作用，决定着处所主语小句的过程类型，决定着成分功能的转换。成分功能的转换又决定着成分结构的形式转换。拟人化的发生与否则取决于某一过程是否被转换为心理过程。从主位结构分析的角度来看，英语处所主语小句的主位虽然和与其相对应的一致式小句的主位一样都是无标记主位，但两者的性质不同。处所主语小句的主位是信息的出发点，但不是述位关涉的对象，而是述位得以展开的空间处所。

处所主语小句和与其对应的一致式都是英语语言资源的有机组成部分，都是可供人们选择使用的意义潜势选项。人们的言语交际过程就是一个不断选择的过程，这种过程就是对意义的选择过程。实际上，意义的选择具有排他性，"一旦一个选项被选择，其他选项就不能被选择"（Halliday 2013）。因此，在表达同一情景或经验时，若选择了隐喻式，与其相对应的一致式就被排除，反之亦然。

10

英语主位化评述结构
及其评价功能*

10.1 引 言

主位结构历来都是系统功能语言学的重要研究内容之一。杰夫·汤普森在讨论了陈述小句和非陈述小句中的主位问题之后,还探讨了下列几种特殊主位结构(special thematic structures)——主位性对等(thematic equative)结构、谓化主位(predicated Theme)结构、主位化评述(thematized comment)结构、前置主位(preposed Theme)结构和被动化(passivization)结构等,并将这几种特殊主位结构视为主位化手段(thematizing devices)(Thompson 2004:149-154)。例如:

[1] What I'm going to do now is to whisk these all together. (thematic equative)

[2] It is the second of these points that I shall be concentrating on in this talk. (predicated Theme)

---

* 本章原载《外语教学》2007 年第 5 期第 14—17 页,略有修改。

[3] It is true that it took five years to do so. (thematized comment)

[4] Happiness, that's what life is about. (preposed Theme)

[5] They were rescued by a soldier who spotted them both crying. (passivization)

　　杰夫·汤普森认为,说话人可以运用这些主位化手段来对所要传递的信息内容进行重新编码,选择不同的内容作为信息的出发点(starting points)(Thompson 2004:149)。作为一种主位化手段,主位化评述结构有其自身的特点和功能。在语法著作中,这种结构通常叫作外位(extraposition)结构(Quirk, et al. 1985:1391–1395; Chalker & Weiner 1998:146; Biber, et al. 1999:671–676)。韩礼德(1994:60–61; 2004:97–98)将其称为后置主语(postposed subject)结构,而在加的夫语法(Cardiff Grammar)中,则被称为"评估型"(evaluative)强势主位(enhanced Theme)结构(Fawcett & Huang 1995; Huang 1996; 黄国文 1999, 2003)。这些名称虽然各异,但所讨论的对象都是同一种结构。我们认为,杰夫·汤普森和加的夫语法的观点可能更为合理,因为,无论是叫作主位化评述结构,还是叫作评估型强势主位结构,都突出了这一结构的评价功能。本章将首先讨论主位化评述结构的构成和主位分析,然后,运用评价系统(APPRAISAL systems)理论,探讨该结构的评价功能。

10.2 主位化评述结构的构成和主位分析

10.2.1 主位化评述结构的构成

　　如上例[3]所示,主位化评述结构由 it-小句和名词性小句(nominal clause)两个部分构成。在 it-小句中,谓语一般为动词 be,后接具有评价意义的形容词或名词,如例[6]中的 strange 和例[7]中的 secret,有时也可以是具有评价意义的其他动词,如例[8]中的 grieve。

[6] It's *strange* that he didn't call.

[7] It was no *secret* that the people didn't always welcome our presence.

[8] It *grieved* her that Ashok could not sleep there.

主位化评述结构中的名词性小句既可以是 that-小句,如上例[6]—[8],也可以是不定式小句,如下例[9]—[10],或 V-ing 小句,如下例[11]—[12],有时还可以是 what-小句或 how-小句,如以下例[13]—[14]。

[9] It's important *to know your own limitations*.

[10] It is 'unEnglish' *to spy on anybody*.

[11] It was difficult *trying to talk to her*.

[12] It's no fun *being stupid*.

[13] It's amazing *what some of them would do for a little publicity*.

[14] It's really wonderful *how the time has gone*.

从语法分析的角度来看,主位化评述结构中的两个小句实际上来自同一个小句,it 作为填充词(expletive)在这一结构中充当形式主语,与原句中的谓语部分一起构成 it-小句,而真正的逻辑主语则是被后置的名词性小句,即该结构中的 that-小句、不定式小句、V-ing 小句、what-小句或 how-小句。因此,例[6]—[14]可以分别还原为[6a]—[14a],而且各句的基本语义保持不变。

[6a] *That he didn't call* is strange.

[7a] *That the people didn't always welcome our presence* was no secret.

[8a] *That Ashok could not sleep there* grieved her.

[9a] *To know your own limitations* is important.

[10a] *To spy on anybody* is 'unEnglish'.

[11a] *Trying to talk to her* was difficult.

[12a] *Being stupid* is no fun.

[13a] *What some of them would do for a little publicity* is amazing.

[14a] *How the time has gone* is really wonderful.

值得注意的是,虽然[6]—[14]和[6a]—[14a]所表达的基本语义相同,但是,[6]—[14]这样的主位化评述结构要比与其相对应的[6a]—

[14a]所代表的结构更自然,也更常用,因为前者更符合英语语句信息编码的末尾重心原则(principle of end-weight)(Quirk, et al. 1985:1361 - 1362)。比伯等指出,"外位结构(即本章所说的主位化评述结构)的使用频率要远远高于'谓前 that-小句'(pre-predicate *that*-clause)结构(即[6a]—[14a]所代表的结构),因此,外位结构通常被看作是'无标记选项'(unmarked choice)"(Biber, et al. 1999:676,725),而像[6a]—[14a]这样的结构则是有标记变体(marked variant)(Halliday 2004:156;Thompson 2004:153)。

10.2.2 主位化评述结构的主位分析

韩礼德(1994:61;2004:98)在讨论主位结构时都没有对主位化评述结构进行主位分析,只是提及了这种结构,也没有将其看作主位化手段,仅说明这种结构与谓化主位结构不同,是一种后置主语结构。杰夫·汤普森(1996:129;2004:153)则认为主位化评述结构是一种主位化手段,并对这种结构进行了主位分析,认为 it-小句为主位,名词性小句为述位,如表 10 - 1 所示。

表 10 - 1　杰夫·汤普森对主位化评述结构的主位结构分析

It is true It is interesting It is difficult It is regretted	that it took five years to do so. that you should say that. to know exactly how to characterize what we have just noticed. that the University is unable to provide continuous nursing or domestic care.
Theme	**Rheme**

我们认为,杰夫·汤普森对主位化评述结构的主位分析是有道理的。这一分析较好地说明了两个小句之间的主述位关系。但是,该分析并未对主位化评述结构中的两个小句分别进行主位分析,而显得详细程度不足。所以,我们可以按照韩礼德的主位-述位理论,对主位化评述结构进行更细化的主位分析,即对主位化评述结构进行两个层次上的主位分析。一个层次是把主位化评述结构作为整体进行宏观主位分析,即杰夫·汤

普森的分析方法,如表 10-1 所示;另一个层次是对主位化评述结构中的两个小句分别进行微观主位分析,每个小句都可以具体细分为主位和述位两个部分。在 it-小句中,it 为主位,其余部分为述位。名词性小句可以有三种主位分析方法。第一,如果主位化评述结构中的名词性小句为 that-小句、what-小句和 how-小句,其中 that、what 和 how 为语篇主位(textual Theme),小句中的主语为话题主位(topical Theme),其余部分为述位,如表 10-2 所示。

表 10-2　主位化评述结构的双层次主位结构

It	is true	that	it	took five years to do so.
It	is amazing	what	some of them	would do for a little publicity.
It	is really wonderful	how	the time	has gone.

		textual	topical	
Theme	Rheme	Theme		Rheme
Theme		Rheme		

　　第二,如果主位化评述结构中的名词性小句为不定式小句和 V-ing 小句,由于小句的主语没有明确说出,故可称为隐性主位(implicit Theme),而不定式小句和 V-ing 小句则可视为述位,如表 10-3 所示。

表 10-3　主位化评述结构的隐性主位结构

It	is 'unEnglish'		to spy on anybody.
It	was difficult		trying to talk to her.
Theme	Rheme	(implicit Theme)	Rheme
Theme		Rheme	

　　第三,如果主位化评述结构中的名词性小句为不定式小句,而其逻辑主语由介词 for 或 of 引出时,可以把由 for 和 of 引导的介词词组视为主位,其中介词 for 和 of 为语篇主位,for 和 of 后的词语(即不定式小句的逻辑主语)为话题主位,不定式小句仍为述位,如表 10-4 所示。

表 10－4　主位化评述结构的显性主位结构

It	is very difficult	for	us	to know what to do as we are not his parents.
It	was courageous	of	you	to try and save the drowning man.
Theme	**Rheme**	**textual**	**topical**	**Rheme**
		Theme		
Theme		**Rheme**		

这样的分析方法,既保留了杰夫·汤普森所作的主位分析对主位化评述结构的宏观把握,又明确了主位化评述结构中两个小句各自的内部主述位关系。

10.3　主位化评述结构的评价功能

10.3.1　评价理论简述

"评价(系统)理论是功能语言学在对人际意义的研究中发展起来的新词汇语法框架,它关注语篇中可以协商的各种态度"(李战子 2004)。评价理论是一个人际意义系统,用以评价语篇中所协商的各种态度、所涉及的情感的强度、寻求价值来源和说服读者的各种方式(Martin & Rose 2003:22;李战子 2004)。马丁(Martin 2000),王振华(2001),马丁和罗斯(Martin & Rose 2003)等认为,评价系统的中心是"系统",焦点是"评价"。语言在该系统中是"手段",透过对语言的分析,评价语言使用者对事态的立场、观点和态度,因此语言评价理论是解读性、阐释性的。语言评价系统包括介入(ENGAGEMENT),态度(ATTITUDE)和级差(GRADUATION)三大次系统,其中的态度系统又包括判断(JUDGEMENT),情感(AFFECT)和鉴赏(APPRECIATION)三个子系统(详见王振华 2001),其中"情感系统聚焦于评价者(the appraiser)的感情或情绪(如 I like her),而判断系统和鉴赏系统则聚焦于被评价对象(the appraised)的特质(如 She is lovely /It is lovely)"(Thompson 2004：76)。

10.3.2 主位化评述结构作为评价手段

"语言中存在着许多评价性手段,并在各个层面上表现出来。例如在音系层可体现为标记性的重读和调式,在词汇层可体现为带有评价倾向的词汇项,在语法层可表现在一些特别的句式上,在语篇层可表现在叙事角度和语义连贯上"(杨信彰 2003)。但实际上,评价主要是由词汇选项(lexical choices)表达出来的,而只有少数语法结构具有评价功能,并有其自身的形式特征(formal features)。主位化评述结构便是其中之一(Thompson 1996：65–66;2004：75–78)。主位化评述结构之所以具有评价功能是因为,"这一结构中的主要信息(main information)为名词性小句所体现出的命题(proposition)内容,而对这种命题内容的评述(comment)则是由 it-小句表达出来的"(Thompson 2004：152)。韩礼德也指出,如果 it-小句中的形容词或名词是表示认知性(cognition)、或然性(probability)、惯常性(usuality)或情感性(emotion)的词语,it-小句之后的名词性小句则是一个事实或命题;如果 it-小句中的形容词或名词是表示愿望(desire)和责任或义务(obligation)的词语,it-小句之后的名词性小句则是一种提议(proposal)(Halliday 2004：474–475)。胡壮麟等(2005：336)则将主位化评述结构进一步总结概括为[15]。例如,在[16]中,very为表程度的副词,important 为具有评价性的性质形容词,John is coming /John comes 则为命题/提议。

[15] It is (程度)[性质词:评价性的]that[命题/提议]
[16] It is very important that John is coming /that John comes.

据此,我们可以把主位化评述结构视为一种评价手段。理由主要有两点:一是该结构本身,二是可以用于该结构中 it-小句的词语。从构成该结构的两个小句来看,it-小句可看作是对名词性小句的评述(comment),即后者是前者的评述对象。从词汇的角度来看,可用于 it-小句中的词语都是具有评价性质的。因此,主位化评述结构是一种具有评价功能的词汇-语法手段 (lexico-grammatical device)。作为一种评价手段,主位化评述结构中的两个小句之间形成了一种评述与被评述的关系,即 it-小句具有对名词性小句所表达的命题或提议加以评述的作用。这样,it-小句可叫作评述小句 (commenting clause),名词性小句可视为被评述小句 (commented clause)。评述小句是说话人对被评述小句的评述,它体现了说话人对被评述小句这一命题或提议的判断、看法或态度等。

10.3.3　主位化评述结构的评价功能

从以上讨论可知,评价性词语在表达说话人对某一命题或提议的态度方面具有非常重要的作用,但可以使用这类词语的句式结构也是同等重要的。也就是说,具有评价性质的词语一旦用于具有评价功能的句式结构,就可以在语言发展过程中逐渐形成密不可分的有机统一体,固化为一定的词汇语法结构,从而表达特定的评价意义。作为一种具有评价功能的词汇语法手段,主位化评述结构主要是表达说话人对某一命题或提议所持的态度,因此,根据评价系统中的态度系统和该系统中判断、情感和鉴赏三个子系统以及主位化评述结构本身和可以用于该结构评述小句中的词语所蕴含的评价性质,主位化评述结构可以呈现出如下几种评价功能:判断型评价、情感型评价和鉴赏型评价等,其中判断型评价可分为事实性/真实性 (fact /truth) 评价、可能性/可行性 (possibility/practicability) 评价、妥当性 (propriety) 评价和建议性 (suggestion) 评价等;情感型评价可分为正态 (positive) 情感评价和负态 (negative) 情感评价;鉴赏型评价则可分为正鉴赏 (positive appreciation) 评价和负鉴赏 (negative appreciation) 评价。

10.3.3.1　判断型评价功能

主位化评述结构的判断型评价功能是指,说话人在言语交际中运用该结构中的评述小句对被评述小句提出的命题或提议所做出的判断。如果说话人判断的是某一事实或命题是否为事实或是否真实,则为对该命题的事实性或真实性评价。例如:

[17] *It is a fact* that his secretary does all the work.

[18] *It is a truth* that man cannot live without laws.

[19] *It isn't true* that John and Tamara are getting married.

如果说话人判断的是某一命题或提议是否可能或是否可行,则为对该命题或提议的可能性或可行性评价。这种评价可包括对某一命题或提议的肯定性(certainty)、可能性(possibility)、或然性(probability)等方面的评价。例如:

[20] *It is certain* that the challenges ahead are at least as daunting as anything the Cold War produced.

[21] *It is probable* that this architectural style came from the Greeks.

[22] *It's still possible* to make a bit of money if you invest wisely.

[23] *It is unlikely* that any insect exceeds about twice this velocity.

如果说话人判断的是名词性小句命题所述的某一行为是否妥当,则为对该行为的妥当性评价。这种评价一般是说话人参照社会规范、道德标准、行为准则等做出的。因此,在下例[24]—[26]中,说话人认为名词性小句所说的行为是妥当的,而在例[27]—[28]中,说话人认为名词性小句所说的行为是不妥当的。

[24] *It's nice* that people say it to you unprompted.

[25] *It was courageous* of you to save the drowning man.

[26] *It's very thoughtful and kind* of you to offer me this lovely holiday.

[27] *It's shameful* that John has left his dog in the hot car with no air.

[28] *It's a crime* to leave an old lady all alone like that.

如果说话人的判断是某事具有一定的重要性或必要性而应该付诸实施,就可以运用主位化评述结构提出某种建议,提议采取某一行动或做某一事情。这种判断可视为建议性评价。例如:

[29] *It is necessary* to examine this claim before we proceed any further.

[30] *It is essential* that you leave at once.

[31] *It is preferable* that the marked cells should be identical in their behaviour to the unmarked cells.

[32] *It'd be better* for him to put that fire on at night time.

[33] *It is desirable* that it be both lined and insulated.

10.3.3.2 情感型评价功能

情感型评价功能是指,说话人运用主位化评述结构,通过评述小句,对被评述小句这一事实或命题所做出的情感或感受方面的评价,主要表达说话人对某一事实或命题所持的态度或看法。根据用于评述小句中的词语所具有的正面/负面(positive/negative)情感评价性质,情感型评价可分为正态情感评价,如[34]—[35]和负态情感评价,如[36]—[37]。

[34] *It's delightful* to play Mozart on this violin.

[35] *It's such a great pleasure* that you are here.

[36] *It's horrible* that he put up with Claire's nagging.

[37] *It's a pity* that I cannot remember Mary's address.

10.3.3.3 鉴赏型评价功能

鉴赏型评价功能,是说话人运用主位化评述结构对被评述小句所述内容在影响、质量或价值等方面所做出的鉴赏,根据用于评述小句的词语所具有的正面/负面(positive/negative)鉴赏评价性质,可分为正鉴赏评价,如[38]—[40]和负鉴赏评价,如[41]—[42]。例如:

[38] *It is revealing* to see what kinds of values are established in any particular genre.

[39] *It is interesting* that the same nervous mechanism can induce two different activities.

[40] *It is quite remarkable* how alike the two children are.

[41] *It is boring* that the meeting has lasted for such a long time.

[42] *It was very dangerous* that Miss Booth should be the only attendant.

10.3.3.4 小结

以上所讨论的主位化评述结构的语法结构、主位结构、两个小句之间的评述与被评述关系和评价功能形成了一定的对应关系,这种对应关系可以总结为下表 10-5：

表 10-5　主位化评述结构的语法结构、主位结构、
评述关系和评价功能对应表

语法结构	It be（程度）[性质词：评价性的]			that		[命题/提议]
主位结构	主位	述位		语篇	话题	
				主位		述位
	主位			述位		
评述关系	评述小句			被评述小句		
评价功能	判断型	事实性/真实性评价 可能性/可行性评价 妥当性评价 建议性评价				
	情感型	正态情感评价 负态情感评价				
	鉴赏型	正鉴赏评价 负鉴赏评价				

10.4　余　论

　　无论主位化评述结构表达的是哪种评价功能，实际上都是说话人个人的主观（subjective）评价，只不过是说话人采用这一结构使自己的主观评价实现了客观化（objectivization）。也就是说，说话人通过某一语言手段使个人对某一事态的主观评价看起来是某一事态自身的一种特性（quality），从而使其客观化（Thompson 2004：70）。在例[43]中，

　　[43] It's almost certain that he will lose the election.

评述小句中的 it 所指的某事被描写为 almost certain,而实际上 it 所指的是说话人的基本命题(the speaker's basic proposition),即被评述小句"he will lose the election",这一命题被视为一个可限定意义模块(definable chunk of meaning),就像是客观世界中的一种事物(thing)那样而具有自身的特性,即"肯定"特性。这就使得本来是说话人个人对命题"he will lose the election"的肯定性主观评价成了这一命题自身的一种肯定性属性,从而实现了说话人个人主观评价的客观化。因此,我们认为,主位化评述结构是说话人用以实现个人主观评价客观化的一种词汇语法手段。

11

英语前置主位的信息状态和语篇功能[*]

11.1 引 言

"语言最基本和最主要的功能是用于人与人之间的社会交际。人们运用语言进行交际时,要通过语言发送信息、接收信息,从而达到交流思想,相互了解之目的。人们使用语言进行交际的过程,就是通过语言,运用各种言语手段对信息进行编码、发送、传递、接收和解码的过程"(张今、张克定 1998:76)。人们在交际过程中所使用的各种言语手段,从句法结构的角度来看,有些句法结构是符合人们的一般认知规律的无标记句式(unmarked clause),有些是偏离了人们的认知规律的有标记句式(marked clause)。无论是无标记句式还是有标记句式,都有其存在和使用的语用价值,都是可供人们在交际过程中进行选择的可选项目。实际上,使用语言进行交际的过程是一个不断地进行语言选择的过程,语言选择的过程既可以是有意识的,也可以是无意识的,既可以是由于语言内部的(即结构的)原因,也可以是语言外部的原因(参见第13章)。人们交际时之所

---

[*] 本章原载《解放军外国语学院学报》2004年第5期第6—10页,略有补充和修改。

以能够在使用语言的过程中做出各种恰当的选择,是因为语言具有可变性(variability)、协商性(negotiability)和顺应性(adaptability)。可变性是指语言具有一系列可供选择的可能性;协商性是指所有的语言选择都不是机械地或严格按照形式-功能关系做出的,而是在高度灵活的语用原则和语用策略的基础上完成的;顺应性则是指语言能够让其使用者从可供选择的项目中做出灵活的变通,从而满足交际的需要(Verschueren 1999:55-68)。

韩礼德(1994)的系统功能语言学理论从社会符号学的角度审视句子的功能,提出了语言的三大纯理功能(metafunction),即概念功能、人际功能和语篇功能。这三大纯理功能组成了语义系统网络,从而为语言交际提供了语义潜势(meaning potentials),即语义选择,这要通过语篇(text)才能实现。因此,可以说,韩礼德的语言学理论对研究句法的功能具有重要的指导意义。系统功能语言学的一个重要研究内容就是主位结构(thematic structure)。韩礼德等功能语言学家在研究主位结构时把主位区分为无标记主位(unmarked Theme)和有标记主位(marked Theme)。我们认为,具有无标记主位的句子应属于符合人们的认知规律的常式句,而具有有标记主位的句子则应属于偏离了人们的认知规律的变式句。变式句则是交际者依据交际目的,通过一定的语用规则,由常式句变化而来的。在变式句中,有一种含有前置主位(preposed Theme)这一有标记主位的句式,这种句式是通过主位前置(Theme preposing)这一语用重组手段(pragmatic reordering device)形成的。本章拟从语用的角度,在语篇的层面上考察前置主位的信息状态和语篇功能。

11.2　主位前置、左位移动、倒装

主位前置、左位移动(left-dislocation)和倒装(inversion)都是人们在交际过程中可以用来对所要传递的信息进行重新编码的语用重组手段,它们之间既有相同之处又有相异之处。我们首先对主位前置和左位移动加以区分。主位前置和左位移动的相同之处是,两者都是将句子中的某一成分从原来的位置上前移至句首,从而形成有标记句式;它们之间的差异在于,主位前置只将某一句子成分从原来的位置上前移至句首,而在原位置上留下空位,从而形成前置主位句;左位移动则不仅是将某一句子成分从原来的位置上前移至句首,而且还需在原位置上使用某种替代词语替代被移出的成分,这样就形成了左位移动句。例如:

[1] *Her father* he has known for three years.(下划线表示通过主位前置和左位移动的成分,下同。)

[2] The machine dictates. *This crummy little machine with buttons on it* you've got to be there to answer **it**.

例[1]和例[2]中的斜体部分均为句子成分发生了位移的有标记句子。例[1]是通过主位前置而形成的;例[2]是通过左位移动而形成的。可以认为,它们分别来自无标记句式[1a]和[2a]。

[1a] He has known her father for three years.

[2a] … You've got to be there to answer this crummy little machine with buttons on it.

由[1a]和[2a]可以看出,例[1]中的 her father 从原位置上前移至句首后,在原位置上留下了空位,因此是前置主位句;而例[2]中的"this crummy little machine with buttons on it"从原位置上前移至句首后,原位置上的空位由代词 it 替代,而没有形成空位,因此属于左位移动句。

由以上分析可知,主位前置和左位移动虽然都将句中的某一成分前移至句首,但均没有引起主谓的语序颠倒,因此,都不同于倒装。倒装与主位前置、左位移动的共同点是,可以把句中的某一成分前移至句首,但与它们的不同之处在于,倒装还要引起主谓顺序的颠倒。譬如,例[3]在把"into the quiet cells and temples"前移至句首的同时,还颠倒了主语和谓语的前后顺序,这一点可由所用的助动词 do 证明(如画线部分所示)。由此可以认为,例[3]中的倒装句是从[3a]派生而来的,这是交际者有意识运用倒装这一语用重组手段的结果。

[3] *Into the quiet cells and temples* do the monks and priests retreat, and there, in this darkness, they find what they seek.

[3a] The monks and priests retreat into the quiet cells and temples, …

11.3 前置主位的类型和信息状态

11.3.1 前置主位的类型

在讨论前置主位的信息状态之前,我们先来考察一下前置主位的类型。按照前置主位的结构成分,前置主位可以划分为名词词组、介词短语、动词词组、形容词词组和副词词组,如例[4]—[8]所示。

[4] *A bag-pudding the king did make.*

[5] *With this model you could do it a lot more quickly.*

[6] "Yes," she murmured. So you do. You and he are the same. You battle for power, both of you — and *battle blindly you will.*

[7] "NO!" My scream filled the temple chamber. *Louder and louder it resounded, echoing from the vault as a hundred cries surfacing from the underworld.*

[8] *Merrily we roll along.*

另外,前置主位也可以是名词性分句(nominal clause)。例如:

[9] "Sad to say, but those hooligans, I can surely tell you who they are," Cattie griped as soon as all of these men had passed out of earshot. "They're those shanty Irish who live in Dublin Gulch, giving the rest of us good Irish people a bad name. They're red faced drunks, the darn lot of them. They fight among themselves and never save a penny. *How they can live in their crowded, filthy, disease-ridden parts of town, I'll never know.* They're worse than half those other people you can see around here whose names I can't even pronounce."

[10] *What they could not eat that night* the Queen next morning fried.

11.3.2 前置主位的信息状态

　　主位结构和信息结构都是系统功能语言学的重要研究内容,二者"同属语言的语篇功能部分,而且都与信息传递紧密相关"。"在一般情况下,主位所载的信息是已知信息,述位所载的信息是新信息"。"但是,主位与已知信息、述位与新信息并没有绝对的对应关系"。"在主位结构中,主位由其本身含义所决定,总是先于述位,述位先于主位的模式是不存在的"。而"在信息结构中,已知信息一般先于新信息,但并不尽然,有时候,有标记的新信息也会在已知信息前面出现"(胡壮麟等 1989:142 - 148)。这说明,主位结构与信息结构密切相关,但不同类型的主位和述位可以传递出不同类型的信息,甚至同一种主位在不同的语篇中也可承载不同类型的信息。

　　下面,我们就把前置主位放在语篇的层面上讨论其信息状态。语篇可以粗略地分为口头语篇和书面语篇。无论是哪种语篇,都应是一个上下连贯的语义整体,因此,说写者都要根据语篇发展的需要,选择使用适当的句法结构来建构语篇。据考察,在语篇建构中,前置主位具有调整语序、重组信息的编码作用,因而可以传递出不同类型的信息。

　　一般来讲,语篇信息编码遵循着由已知到未知的规律。说写者在建构语篇的过程中往往会依据语篇发展的要求,把上文已经提及的内容置于句首充当前置主位,因此,前置主位传递的常常是已知信息。例如:

[11] I did not die — although the abyss I spun into was thick and dark and devoid of all life. It was not an afterlife or a place in the heavens. *This I knew because your presence*, *Future People*, *was not there.*

[12] "Peace!" I called. "Desert Fathers, do not be afraid. It is only I, a lone traveler. I do you no harm. Raise your hands in blessing, and *your blessing I will receive with joy.*"

[13] She also wrote treatises of her own. *Of these we know very little.* None of her complete works has survived.

[14] We are aware of our responsibility to our critics. We are also aware

of our responsibility to the author, who probably would not have authorized the publication of these pages. *This responsibility we accept wholly*, and we would willingly bear it alone.

例[11]所用的指示代词 this 替代的是上文中的"It was not an afterlife or a place in the heavens."这一整句的内容,例[12]中的"your blessing"则是上文中 blessing 的重复,在例[13]中,these 指的是上文的"treatises of her own",例[14]中的"this responsibility"指的是上文提到的"our responsibility to our critics"和"our responsibility to the author",所以,这几例中的前置主位所传递的均为语篇性已知信息。

在语篇建构过程中,说写者选用前置主位时,并不总是简单地重复或替代上文中的某一句子成分,而是选用与上文内容有关的词语作为前置主位。在这种情况下,前置主位所传递的信息就不是纯粹的已知信息,而是可推知已知信息(inferable given information)。例如:

[15] "Hush!" I pleaded. Images were forming in my mind, vague and distorted, but *their significance I felt*.

[16] The spirit of life will not be destroyed, Zenon .... The generations will recognize a like spirit by our stories, *the imprints we have made by our existence*.

[17] A: Do you like this album?

　　　B: Yeah, *this song I really like*.

这几例中的前置主位"their significance""the imprints"和"this song"虽然在上文中均未被直接提及,但都与上文内容相关,"their significance"与 images 有关,"the imprints"与 spirit 有关,"this song"与"this album"是部分与整体的关系,因此都是可以依据上文推知的已知信息。

有时,在组织安排语篇信息的过程中,说写者还会选用与上文内容间接相关的词语作为前置主位,这时,前置主位所传递的信息不是可推知已知信息,而是可推知新信息(inferable new information)。例如:

[18] Then I heard a different sound summoning, the sound of chimes. The ringing lifted from the plateau. *Louder and louder the clanging sounded, ripping like the prayer chimes of the sacred temples*.

[19] Customer: Can I get a bagel?

Waitress: No, sorry. We're out of bagels. *A bran muffin I can give you.*

例［18］中的前置主位 louder and louder 显然与上文中的 sound、summoning、ringing 等词语有一定的联系，但并不包含于上文内容之中；在例［19］中，前置主位"a bran muffin"与上文中的"a bagel"虽然都是食品，但分别是不同的食品，后者并不包含前者，前者也不包含后者。所以，鉴于此类前置主位与上文内容的间接联系，可以说，这两例中的前置主位所传递的是可推知新信息。

说写者在建构语篇的过程中选用前置主位时，有时会使用上文中已经出现过的词语并增添某些新的内容，这样的前置主位传递的信息就不是纯粹的已知信息或新信息，而是一种"已知＋新"的混合信息。例如：

[20] "Yes," she murmured. So you do. You and he are the same. You battle for power, both of you — and *battle blindly you will.* (=[6])

[21] A: Have you filled out the Summary Sheet?

B: Yeah. *Both the Summary Sheet and the Recording Sheet I've done.*

根据例［20］的上文，前置主位中的 battle 应为已知信息，但作者在这一已知信息上又添加了 blindly 这一新信息；例［21］中的前置主位既包含了上文提及过的已知信息"the Summary Sheet"，又含有"the Recording Sheet"这一新信息。由此可以认为，此类前置主位传递的应是"已知＋新"的混合信息。

在语篇建构过程中，作者有时会由于对比的需要连续使用两个前置主位句，把所要凸显的两项内容置于句首加以对比，这样，两个前置主位所承载的信息就形成了对比性信息。例如：

[22] The plan is to purchase the quaint fishing village of Ferness and replace it with a giant new refinery. The villagers — who've been farming, fishing, raising families and pub crawling in splendid isolation for generations — offer amazingly little resistance. *Humble they may be. But daft they ain't.* If the Americans are all that eager to

turn a few industrious Scotsmen into instant millionaires, they should not be denied the privilege.

[23] *Defiantly* they have spoken but *submissively* they will accept my terms.

[24] "We came," repeated Mrs Micawber, "and saw the Medway. My opinion of the coal trade on that river is, that it may require talent, but it certainly requires capital. *Talent, Mr Micawber has*; *capital, Micawber has not* ... We are at present waiting for a remittance from London, to discharge our pecuniary obligations at this hotel. Until the arrival of that remittance, ... I am cut off from my home ..., from my boy and girl, and from my twins."

在这三例的前置主位中, humble 与 daft, defiantly 与 submissively, talent 与 capital 分别形成了强烈的对比,都是作者所要凸显的内容,因此,这三对前置主位所承载的均为对比性信息。

在某些情况下,说写者可以根据语篇发展的需要选择上文没有提及的内容作为前置主位置于句首,这样的前置主位就是说写者要引入语篇的新内容,因而所传递出的信息应为新信息。例如:

[25] Oh, this Egypt! To the east lies the somber desert, gray before dawn, shades of smoldering yellow at mid-day, molting rosy when at last the sun has journeyed. The rocky mountains hover, purple-blue in the distance. But to the west, the greenest of lands runs like a narrow ribbon beside the river blue.

Two great gods Egypt has: the sun and the river Nile. Both deities bring life to this desert place. Each year the Nile floods, drenching the parched ground. With the water comes the mud, anciently known as the male seed, fertilizing the sweet earth. So our present days are spent reaping crops from this green valley of the Nile, the desert past ever touching our labor. Our future, this river, continues to flood life on us.

[26] I crouched low, descending the passageway, and this time I kept myself in check, guarding my lantern when I disturbed the bats, and huddling to the wall to let them pass. *Down, down, down I*

continued, to the very bowels of this edifice, until the tunnel turned sharply.

[27] A: Where can I get the reading packet?

B: In Steinberg. *Six dollars it costs.*

在例[25]中,上文已经提及 Egypt,所以 Egypt 是已知信息,但是,上文并未提及"two great gods",这正是作者有意识地以前置主位的形式将其置于句首所要表达的新内容,因此是新信息。在例[26]中,作者连续使用三个 down 作为前置主位,从而突出了"I"一直沿着通道前进的连续性这一新信息。例[27]是一个口头语篇,说话人 B 在告知 A 何处可以买到"the reading packet"之后,又以 six dollars 为前置主位告诉了 A 购买"the reading packet"要花多少钱这一新信息。

11.4　前置主位的语篇功能

　　主位前置,作为一种语用重组手段,对于信息编码和语篇建构具有重要作用。通过主位前置这一语用重组手段所形成的前置主位不仅可以传递出不同类型的信息,而且在语篇发展中具有不可替代的作用。作为一种有标记主位,前置主位在语篇建构过程中主要起着与上文衔接的语篇功能。前置主位的这种语篇衔接功能既可以是直接衔接,也可以是间接衔接。譬如,例[11]—[14]中的前置主位 this、your blessing、of these 和 this responsibility 都分别表示了与上文的直接衔接;例[15]—[19]中的前置主位 their significance、the imprints、this song、louder and louder 和 a bran muffin 则表示了与上文的间接衔接。无论是与上文的直接衔接还是间接衔接,都与上文内容有着密切的关系,都是对上文所传递的信息的一种承接,所以,前置主位的这种承接上文的语篇功能可以叫作承上功能。

　　前置主位不仅具有与上文保持衔接的语篇功能,而且可以为语篇的发展提供新的话题。在例[25]中,作者把"two great gods"作为新信息置于句首,为下文提供了新的话题,使下文得以根据这一新话题继续展开。

这一点可以从下文中得到证明："two great gods"为"the sun and the river Nile",这两个"上帝"为这个沙漠地区带来了生机,the Nile 为这一地区的人们带来了充足的水源、富饶的土地和丰富的物产。前置主位的这种为下文引入新话题的语篇功能可以称为启下功能。

在有些情况下,前置主位不只是具有承上或启下一种语篇功能,而是可以同时起到承上和启下的作用。也就是说,前置主位有时既可以起到与上文保持衔接的承上作用,又可以起到为下文提供话题的启下作用。前置主位的这一双重语篇功能可以叫作承上启下功能。在例[24]中,talent 和 capital 不仅保持了与上文的有机联系,起到了承上的作用,而且使下文得以以 capital 为话题继续展开,起到了启下的作用。再如:

[28] Facts about the world thus come in twice on the road from meaning to truth: once to determine the interpretation, given the meaning, and then again to determine the truth value, given the interpretation. *This insight we owe to David Kaplan's important work on indexicals and demonstratives*, and we believe it is absolutely crucial to semantics.

在此例中,作者把 this insight 以前置主位的形式前移至句首,既保持了与上文的衔接,又为语篇的发展提供了话题,既说明了两位作者承认他们的观点得益于戴维·卡普兰(David Kaplan)关于索引词和指示语的重要研究,又由此引出了他们认为这一 insight 对于语义学研究具有至关重要的作用的观点,从而起到了一种承上启下的作用。

11.5　结　语

综上所述,主位前置、左位移动和倒装都是交际者可以用来调整语序、重组信息的语用重组手段,都可以形成有标记主位,但三者各有特点,互不相同。由主位前置这一语用重组手段所形成的有标记主位叫作前置主位。由第二节的分析讨论可知,前置主位可以传递已知信息、可推知已知信息、可推知新信息、"已知＋新"信息、对比性信息或新信息。前置主位所传递的这几种信息可简略地总结为图 11-1:

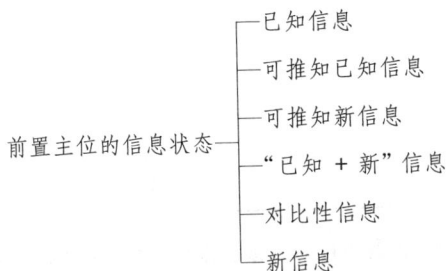

图 11-1　前置主位的信息状态

　　前置主位在语篇建构中具有其他结构所不能替代的作用,是一种可以使交际者在语篇信息编码过程中做出灵活的选择和变通的有效手段。由第 11.3 节的讨论可以看出,前置主位在建构语篇的过程中具有以下三种语篇功能:承上功能、启下功能和承上启下功能。前置主位的这几种功能可通称为语篇衔接功能,如图 11-2 所示。

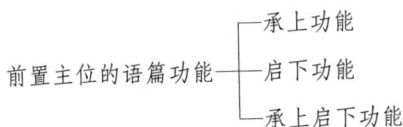

图 11-2　前置主位的语篇衔接功能

　　前置主位的语篇衔接功能与其信息状态密切相关,是同一事物的两个不可分割的有机组成部分。从信息量的大小来看,如果前置主位所传递的是已知信息,其信息量最小;如果前置主位所传递的是新信息,其信息量则最大。因此,前置主位所传递的已知信息、可推知已知信息、可推知新信息、"已知＋新"信息、对比性信息和新信息就构成了一个由小到大的信息量递增梯度,或者说,构成了一个由弱到强的新信息性递增梯度。但是,从语篇衔接性的强弱来看,前置主位所传递的信息新信息性越弱,其语篇衔接性越强,反之,前置主位所传递的信息新信息性越强,其语篇衔接性则越弱。前置主位的信息状态与其语篇衔接功能的这种反向关系可表示为图 11-3:

前置主位	信息状态	新信息性	语篇衔接性
	已知信息	最弱	最强
	可推知已知信息		
	可推知新信息		
	"已知＋新"信息		
	对比性信息		
	新信息	最强	最弱

图 11‑3　前置主位的信息状态与语篇功能及其反向关系

12

英语句首空间附加语的
语篇功能[*]

12.1　引　言

　　状语是句子中的重要成分之一。格林鲍姆(Greenbaum 1969)和夸克等(1985)把状语分为附加状语(adjunct)、评注性状语(disjunct)和联加状语(conjunct),比伯等(1999)把状语分为环境(circumstance)状语、立场(stance)状语和连接(linking)状语,韩礼德(1994,2004)在其系统功能语言学中则把状语视为附加语,并把附加语区分为环境(circumstantial)附加语、情态(modal)附加语和连接(conjunctive)附加语。实际上,这几种分类基本上是一致的。大体上说,"表达指称意义(referential meaning)的状语为附加语或环境状语;表达说话人对命题内容之评价的状语为外加状语或情态状语;而具有语篇组织和连接功能的状语则为联加状语或连接状语"(Hasselgård 2010:19)。

　　韩礼德(1994:152-158,2004:259-277)对环境附加语进行了详细的语义分类,共有 9 种,其中包括表示距离和地点等空间意义的附加语。

＊ 本章原载《中国外语》2012 年第 5 期第 28—33 页,略有补充和修改。

我们把这类环境附加语称为空间附加语（space adjunct），同时把出现在句首的空间附加语叫作句首空间附加语（clause-initial space adjunct）。由于占据了句首这一特殊位置，句首空间附加语在语篇建构过程中具有独特的作用。本章将以功能语言学理论为指导来探讨英语句首空间附加语的语篇功能。

12.2　句首空间附加语的界定

英语空间附加语可以从语义和语序两个方面来加以界定。首先，从语义上讲，空间附加语具有三种空间意义：位置、方向和距离。表示位置意义的空间附加语是指某一情境或事件过程的空间背景或方位。表示方向意义的空间附加语指的是空间中的移动，往往涉及起点、终点和路径。表示距离意义的空间附加语是指空间跨度（spatial extent）（参见 Hasselgård 2010: 188－189；Halliday 2004: 264－266）。例如：

[1] In the evenings she carried on working *in the pub*, and slept *in a small room behind it*.

[2] Robyn Davidson had first arrived *in Alice Springs* at five o'clock one morning, over eighteen months ago, with only six dollars in her pocket. She and Diggity had travelled 800 *kilometres* by train from the city of Adelaide on the southern coast of Australia. Robyn wanted to walk *across the central desert of Australia*, *from Alice Springs to the west coast*, with help of camels.

在例[1]中，"in the pub"和"in a small room behind it"为位置附加语，表示 she 工作和休息时的空间位置。在例[2]中，"800 kilometres"为距离附加语，表示 she 和 Diggity 所走过的空间距离；"in Alice Springs, across the central desert of Australia"和"from Alice Springs to the west coast"则是方向附加语，"across the central desert of Australia"表示路径，"from Alice

Springs"表示起点,"in Alice Springs"和"to the west coast"则表示终点。

其次,英语的语序在很大程度上是比较固定的,然而,附加语在句中的位置,相对来讲,还是比较灵活的,可以出现在句末、句中或句首。那么,从语序上讲,英语空间附加语就可以分为句首空间附加语、句中空间附加语和句末空间附加语。因此,如果把语义和语序两个因素放在一起考虑,我们就可以把英语中具有空间意义且出现在小句之首的附加语叫作句首空间附加语。

需要说明的是,空间附加语出现在句首时,如果引起主谓倒装,所形成的小句为方位倒装小句,如例[3];如果不引起主谓倒装,则属于空间附加语前置,如例[4]。

[3] *On the outside* is Northern Howe.

[4] *In the beauty parlor* she waited while they flicked through lists.

从语法结构来讲,这两种空间附加语的作用是不同的。在前一种情况下,空间附加语与谓语和谓语之后的成分有关,是句子中的必备成分,为谓体附加语(predicational adjunct)。在后一种情况下,空间附加语则与整个句子有关,是句子中的任选成分,为句子附加语(sentence adjunct)(参见 Quirk, et al. 1985:504-512)。本章所要讨论的句首空间附加语仅包括具有空间意义的句子附加语,而不包括方位倒装小句(英语方位倒装小句的语篇功能将在本书第14章进行专题讨论)中的谓体附加语。

按照系统功能语言学理论,这两种情况也是有区别的。韩礼德认为,人们可以通过及物性系统把人类的经验分成六种不同的过程:物质过程、心理过程、关系过程、行为过程、言语过程和存在过程。所谓关系过程,就是反映事物之间处于何种关系的过程。关系过程可以分为归属和识别两大类。这两种关系过程各自又可进一步分为内包式、环境式和所有式三种。在归属类中,环境式指的是某个实体与环境因素(如时间、地点等)之间的关系(胡壮麟等 2005:75, 78-79)。由此可知,方位倒装小句就属于关系过程中的环境式关系过程,可简称为关系小句。在这种关系小句中,"环境为属性,由介词短语体现,环境关系则由介词表达"(Halliday 1994:130, 2004:240),如例[3]所示。

所谓关系,是在两个分离的实体之间建立起来的关系(Halliday 1994:119, 2004:213)。这就意味着,在英语中,关系小句中总是要有两个参与者。与此相反,物质小句和心理小句中可以只有一个参与者,分别为动作者和感知者(Halliday 2004:213)。因此,像例[5]—[6]这样只有一个动作者的物质小句是可以说的,但关系小句必需有两个参与者才可以,如例[7]。

[5] She was walking.

[6] She was walking into the room.

[7] She was in the room.

由此可以推知,在方位倒装小句中,空间附加语是必备成分。而例[4]中的句首空间附加语则属于其他过程中的环境成分,是小句中的任选成分,可以出现,也可以不出现,所以,若把例[4]说成例[8],也是可以的。

[8] She waited while they flicked through lists.

12.3　句首空间附加语作为有标记主位

按照韩礼德关于主位结构的观点,主位是小句中具有信息出发点作用的成分,是小句关涉的对象,小句中的其余部分是对主位的发展,为述位。所以,作为信息单位的小句是由主位和述位两个部分组成的。在英语小句中,主位是由其位置决定的。把一个成分置于句首就表明它具有主位地位(Halliday 1994:37, 2004:64-65)。主位有无标记和有标记之分。典型的主位类型是主位与主语重合,这样的主位叫作无标记主位。主位也可以不是小句的主语,这样的主位叫作有标记主位(Halliday 1994:43-44, 2004:73)。例如:

[9] *Robyn Davidson* had first arrived in Alice Springs at five o'clock one morning, over eighteen months ago.

[10] *During the next two months*, Sallay taught her a lot about camels.

例[9]中的主位和主语是重合的,Robyn Davidson 既是主位,也是主语,因此是无标记主位。在例[10]中,主位和主语是分开的,环境附加语

"during the next two months" 为主位, Sallay 为主语, 因此, "during the next two months" 是有标记主位。实际上, "英语中最常见的有标记主位就是具有附加语功能的副词词组和介词短语" (Halliday 1994: 44, 2004: 73)。例如:

[11] *Here and there* he went, through the fields and the woods, looking and smelling and listening. *Everywhere* animals and birds were busy, talking and laughing, looking for food, making new homes for the spring.

[12] *Near the village of Ghorapani* it suddenly started to rain very hard.

例[11]中的 "here and there" 和 everywhere 与例[12]中的 "near the village of Ghorapani" 分别为副词词组和介词短语, 均为有标记主位。在这两例中, 作为有标记主位的副词词组和介词短语表达的都是空间意义。由此可知, 在英语中, 句首空间附加语为有标记主位。

12.4 句首空间附加语的语篇功能

12.4.1 句首空间附加语的空间设定功能

一般来讲, "主位是话语的出发点; 述位是围绕主位所说的话, 往往是话语的核心内容" (胡壮麟等 2005: 162)。但是, 作为具有空间意义的有标记主位, 句首空间附加语所提供的话语出发点是一种独特的话语出发点。其独特性在于, 这种话语出发点不是述位所要谈论的对象, 而是述位得以展开的空间处所 (spatial location)。也就是说, 句首空间附加语为述位提供的是一种空间范围或空间位置。例如:

[13] The two tired animals slept long and deeply, and came down to breakfast very late indeed. *In the kitchen* they found two young hedgehogs, busy with bowls of bread and hot milk.

［14］Climbers at each of the camps on Annapurna could now only look upwards to the icy summit — and wait. The morning of October 15th was fine and calm, and *from Base Camp* they saw four climbers leaving Camp 5 early in the morning. They were Irene Miller, Vera Karmakova, and two Sherpas.

在例［13］中,句首空间附加语"in the kitchen"为有标记主位,说明述位部分所描写的内容是在厨房这一空间范围之中发生的。例［14］中的句首空间附加语"from Base Camp"也是有标记主位,但与例［13］中的有标记主位不同的是,这一有标记主位提供的是一个空间位置,说明他们是从Base Camp 这一位置看到四位登山者在凌晨离开 5 号营地的。

就语法功能而言,句首状语往往容易成为下文的背景或确定情景(ground or scene-setting)(Quirk, et al. 1985: 491)。在交际活动中,这种状语传递的是背景信息和伴随信息,主要是为核心信息的呈现奠定基础。这是一种表达场景的动态语义功能(Firbas 1992: 50, 54)。据此可以认为,英语中的句首空间附加语具有为下文(即述位)提供空间背景或空间场景的功能。这种功能可简称为空间设定功能(space-setting function)。

韩礼德认为,空间方位识解的是某一过程在空间中展开的方位,即过程展开的地点。地点不仅包括空间中的静态方位,也包括运动的起点、路径和终点(Halliday 2004: 265)。因此,空间方位有静止与运动之别;运动又有迎面而来的运动和离开而去的运动之别(Halliday 1994: 153, 2004: 265)。由此可知,英语句首空间附加语不仅可以为下文设定空间范围或空间位置,如例［13］—［14］,而且可以为下文设定空间运动的起点或路径。例如:

［15］*From London*, Mary went to Brussels.

［16］*Across the park* he walked, hand in hand with his elder daughter.

在例［15］中,句首空间附加语 from London 为 Mary 运动的起点,说明她是从伦敦出发到布鲁塞尔去的。例［16］中的空间附加语"across the park"标示的是路径,说明他与大女儿手牵着手走过公园。需要说明的是,表示运动终点的空间附加语不能出现在句首(参见 Quirk, et al. 1985: 515),因此,像例［17］这样的句子是不可接受的。

［17］?* *To Brussels*, Mary went from London.

12.4.2　句首空间附加语的语篇衔接与新话题引入功能

　　无论句首空间附加语表达的是空间范围或空间位置，还是运动起点或路径，实际上都是一种空间背景。而从其信息状态来看，这种空间背景往往负载已知信息，因为"空间背景总是预设的"（Hasselgård 2010：82）。所以，在语篇中，句首空间附加语通常与上文之间是一种衔接关系。例如：

[18] Half an hour later both trains had disappeared into the night, and Toad was hiding under some dead leaves in the middle of a strange wood. *There*, he fell asleep and didn't open his eyes until early morning. He woke up cold and hungry — but still free!

[19] An ornamental 19th-century gateway — not in use as an entrance — leads into St John's Quad, named for the medieval hospital on the site. The east range on the right consists of the west front of the chapel, the Muniment Tower, and the Founder's Tower (the original gatehouse), all built between 1474 and 1488. *In the southeast corner of this quad* there is a stone pulpit from which an open-air sermon was formerly preached on the feast of St John the Baptist. *In the diagonally opposite corner* a modest old-looking building stands alone; it dates from 1614 and is the only surviving part of the Grammar Hall, which Wayneflete set up to prepare boys in Latin for further studies in the college.

　　从例[18]的上下文可以看出，句首空间附加语 there 与上句末的介词短语"under some dead leaves in the middle of a strange wood"具有明显的照应关系，前者上指后者。这样，句首空间附加语 there 就与上文构成了直接的衔接关系。在例[19]中，斜体部分的两个介词短语均为句首空间附加语，它们都与第一句中的 St John's Quad 构成衔接关系。有趣的是，第二个句首空间附加语"in the diagonally opposite corner"不仅与上文的 St

John's Quad 具有衔接关系,而且与第一个句首空间附加语"in the southeast corner of this quad"也是衔接的。

值得注意的是,在语篇建构过程中,句首空间附加语在与上文保持衔接的同时,也为下文的展开提供了空间背景。这是因为"句首空间状语可以标示出新的空间背景,可以引入新的话题"(Hasselgård 2010:82),从而保证语篇顺利展开。也就是说,句首空间附加语具有双重作用,一是与上文保持衔接的作用,一是为下文引入新话题的作用。在这种情况下,所引入的新话题就是句首空间附加语这一有标记主位之后的述位。仍以[19]为例,其中的两个句首空间附加语在与上文中的 St John's Quad 构成衔接关系的同时,不仅标示出了新的空间背景,即圣约翰方院的东南角和西北角,而且引入了两个新的话题,即一个石头布道坛和一个老式楼房。由此可以看出,句首空间附加语的这种衔接功能实际上是一种承上启下的功能。

12.4.3 句首空间附加语的信息对比功能

当句首空间附加语在语篇中连续使用时,除表示空间设定和语篇衔接外,还可以表示一种信息对比意义。在这种情况下,句首空间附加语所引入的新话题之间实际上形成了一种对比关系。例如:

[20] A few yards north of Pusey Street there is in St Gilles an attractive row of old houses including a small pub 'The Eagle and Child' or familiarly 'The Bird and Baby'. It was the regular meeting-place of C. S. Lewis, Charles Williams, Nevill Coghill, J. R. R. Tolkien, and others, who formed the literary group known as 'The Inklings'. *On the south face of the inn-sign* the baby is dangling from the eagle's talons, but *on the north face* he has somehow mounted the eagle's back and is riding pretty.

[21] Suddenly a very loud noise made Arlene jump. It was the noise of an avalanche coming down from near the summit of Annapurna … When she heard the avalanche, she again remembered her friend

who had died, and she felt very afraid.

On most mountains, avalanches are unusual very early in the morning. *On Annapurna*, avalanches could happen at any time of the night or day. It was almost impossible to avoid them. Arlene knew that, if they were caught by an avalanche, someone could be killed.

在例[20]中,两个句首空间附加语为"on the south face of the inn-sign"和"on the north face",它们不仅上指前面的"a small pub 'The Eagle and Child'",与上文形成衔接关系,还为下文的展开设定了新的空间背景并引入了新的话题。两个新的空间背景分别为酒馆招牌的南北两面,这本身就有一定的对比意义。而被引入的两个新话题在内容上则更具对比性,分别描述了小孩儿与鹰的不同位置关系。在酒馆招牌南面上的图案中,小孩儿飘荡在鹰爪之下,而在北面上的图案中,小孩儿则已爬上了鹰背并稳骑之上。在例[21]中,句首空间附加语"on most mountains"与上文的衔接关系可由"the summit of Annapurna"推知,而句首空间附加语 on Annapurna 与上文中的 Annapurna 则为直接衔接关系。这两个空间附加语所引入的新话题之间的对比是一般现象与具体现象之间的对比:在大多数山上凌晨发生雪崩是罕见的,而在 Annapurna 这座山上,白天或夜间的任何时间则都可能发生雪崩。

12.5　结　语

　　由上述可知,从主位结构来看,英语中的句首空间附加语属于有标记主位。在语篇建构过程中,句首空间附加语,因其自身的空间意义,可以起到空间设定的作用。它所设定的空间可以是一种空间范围或空间位置,也可以是运动的起点或路径。作为一种有标记主位,句首空间附加语通常传递的是已知信息,因此,往往与语篇上文具有明显的衔接关系。正是由于这种衔接关系,句首空间附加语还可以标示新的空间背景,引入新的话题;而在语篇中连续使用时,句首空间附加语还具有信息对比功能。需要注意的是,这几种语篇功能不是孤立地作用于语篇建构,而是共同在语篇建构中起作用。也就是说,在语篇建构过程中,一个句首空间附加语往往可以同时起到不止一种语篇功能。如例[21]中的两个句首空间附加语就同时起到了空间设定、语篇衔接、新话题引入、信息对比的功能。

"信息结构和主位结构同属语言的语篇功能部分,而且都与信息传递紧密相关"。"在一般情况下,主位所载的信息是已知信息,述位所载的信息是新信息"。但是,"主位与已知信息、述位与新信息并没有绝对的对应关系"(胡壮麟等 1989:142-143)。这就说明,"信息结构和主位结构之间有明显的区别。然而,两者在语义功能上却有着紧密的联系。讲话者选择哪些成分作主位,选择哪些成分作述位,在很大程度上受到上文的影响。一般说来,讲话者通常选择那些已经在上文中出现过的成分作主位,选择那些尚未在上文出现过的成分作述位,从而使主位表达已知信息,使述位表达新信息"(胡壮麟等 2005:177-178)。由此可知,英语句首空间附加语之所以具有上述语篇功能,是因为这种空间附加语因其与语篇上文密切相关而具有已知性。也正因为如此,句首空间附加语才经常被用作有标记主位,才能够在语篇建构过程中起到承上启下的桥梁作用。

13

英语倒装句的语篇功能[*]

13.1 引　言

　　传统语法基本上是在句法平面内研究倒装句(inversion)，认为倒装句是一种强调句型，用以突出前置的成分。然而，这种研究是有局限的，并不能完全揭示语言运用的内在规律。随着现代语言学的发展和不断深入，很多学者已经开始从不同的角度、在不同的层面上研究句法问题。利奇(1983)，莱文森(1983)，格林(Green 1996)等学者都主张把语用和句法结合起来进行研究。韩礼德(1970，1994)的系统功能理论从社会符号学的角度审视句子的功能，他提出的语言的三大纯理功能(即概念功能、人际功能、语篇功能)组成了语义系统网络，从而为语言交际提供了语义潜势(meaning potentials)，即语义选择，这要通过语篇(text)才得以实现。由此可以认为，韩礼德的理论对研究句法的功能具有重要的指导意义。胡裕树、范晓等学者提出的语法研究的"三个平面"理论^①、邢福义等学者

＊　本章原载《外国语》2001 年第 5 期第 18—24 页，略有修改。

① 语法研究的"三个平面"理论由胡裕树最早提出，经过多年的发展，已经取得了很多重要成果。这些成果集中反映在范晓(1996)和范晓(主编)(1998)以及袁辉、戴耀晶(编)(1998)等著作以及学术刊物上的有关论文中。

提出的"大三角""小三角"理论①都注重对句法进行多角度、多层面的综合研究。所以,本章以语用为视角,在语篇层面上考察英语倒装句的语篇功能。

13.2　常式句和变式句

　　语序是语言的一种普遍现象,这是因为任何语言中的句子结构都是按照一定的先后顺序编排的。因此,任何语言都拥有各式各样的句式。在这些各式各样的句式中,有些符合人们的一般认知规律,为无标记句式(unmarked clause)或常式句,如英语中的 SV、SVO、SVC、SVOiOd、SVOA、SVA、SVOC 这些基本句式,有些则偏离了人们的认知规律,为有标记句式(marked clause)或变式句,如英语中的分裂句(cleft sentence)、倒装句、被动句等。胡明扬指出,"古往今来,不论是传统语法,还是习惯语法,还是生成语法,还是功能语法,不论是暗含的还是明说的,都有一个基本句式体系,而其他句式则是通过有限的不同手段形成的相关的变式。确立基本句式和变式就是要反映语言的系统性,或者像很多人所说的那样,是为了'以简驭繁'。"他还认为,变式是由基本句式派生的句式(胡明扬 2000)。胡明扬所说的"基本句式"和"变式"分别与我们所说的"常式句"和"变式句"相一致。

　　在语言系统中,常式句和变式句都是可供选择的项目。在言语交际活动中,到底使用哪种句式则取决于交际者的语用目的。也就是说,语用因素决定了为何使用这种句式而不使用那种句式(张克定 2000)。但是,值得注意的是,无论是常式句还是变式句,要在语言中存在和使用,都必

---

① "大三角"是指"普—方—古"三角,这个"三角"研究普通话(即现代汉语)、方言、古代近代汉语。"小三角"是指"表—里—值"三角,由语表形式、语里意义和语用价值构成。详细论证请参考邢福义(1997)第 439—485 页以及学术刊物上的有关论文。

须有其存在的语用价值,都有其各自的语用理据。相对来说,变式句的语用理据性要比常式句强得多。这是因为,使用语言是一个不断地进行语言选择(linguistic choice)的过程,语言选择的过程既可以是有意识的,也可以是无意识的,既可以是由于语言内部的(即结构的)原因,也可以是语言外部的原因。语言使用者之所以能够在使用语言的过程中做出种种恰当的选择,是因为语言具有可变性(variability)、协商性(negotiability)和顺应性(adaptability)。可变性是指语言具有一系列可供选择的可能性;协商性是指所有的语言选择都不是机械地或严格按照形式—功能关系做出的,而是在高度灵活的原则和策略的基础上完成的;顺应性则是指语言能够让其使用者从可供选择的项目中做出灵活的变通,从而满足交际的需要(Verschueren 1999:55 – 68;何自然 2000:F14 – F15)。

13.3　强制性倒装和非强制性倒装

　　在变式句中,有些是强制性的(obligatory),而有些则是非强制性的(optional)。所谓强制性变式句,就是由于语法规则的要求而必须使用的变式句,例如,英语疑问句中的疑问词必须放在句首以及主语和助动词的位置颠倒就是强制性的。所谓非强制性变式句,是指语法规则没有做出强制性要求、用与不用均可的变式句。由此可以认为,强制性的变式句是完全语法化了的(grammaticalized)句式①,而非强制性的变式句则是没有或没有完全语法化了的句式。也就是说,强制性变式句是由语法因素决定的,而非强制性变式句则"大都是由语用因素或修辞因素决定的"(胡明扬 2000)。

　　根据以上所说,英语倒装句可以分为强制性倒装和非强制性倒装

---

① 所谓语法化是指原来曾经是语用的现象在语言使用过程中逐渐固化(fossilization)下来,变成了语法现象或语法规则。有关语法化的研究可参见海茵等(Heine, et al. 1991)、海曼(Hyman 1983, 1984)和沈家煊(1994, 1997)。

两大类①。强制性倒装就是由语法规则支配的倒装句,如例[1]—[4]所示的疑问句和不用连词引导的非真实条件句等;而那些不受语法规则的强制要求、但在语用原则指导下可以倒装也可以不倒装的倒装句则属于非强制性倒装(下文所说的倒装句即指非强制性倒装),如例[5]—[7]。

[1] *Why are you* late again?

[2] *Did he* finish the work in time?

[3] *May I* come in?

[4] *Had you* worked harder, you would have passed the examination.

[5] Into its hole *scampered the little bunny*.

[6] On no account *must they* be let in.

[7] Brightly *shone the moon* that night, though the frost was cruel.

13.4 倒装句的语篇功能

英语的语序虽然有一定程度的固定性,但仍具有一些语用重组

---

① 道格罗(Dorgeloh 1997)把英语倒装句分为两大类,全部倒装(full inversion, FI)和主语—助动词倒装(subject-auxiliary inversion, SAI)。前者又分为五种,后者分为三种。但道格罗的这一分类不包括倒装条件句(*inverted conditional clause*, e.g. Should I leave this job to go to the bathroom I risk being fired.)、惯用倒装(*formulaic inversion*, e.g. Be it resolved that ...)、感叹倒装(*exclamatory inversion*, e.g. God, have I seen attitudes change!)、引语倒装(*quotation inversion*, e. g. 'Sugar is recommended in this cereal,' said Robin.)等(详见 Dorgeloh 1997: 21 - 29)。我们认为,这些没有包括在内的倒装句可以看作强制性倒装。徐盛桓(1995)将英语倒装句分成两种六类,第一种是简单前置成分倒装句,共五类;第二种是复合前置成分倒装句,仅有一类。他研究了所述各类倒装句的前置成分和后置成分的信息状态分布情况,得出了令人信服的结论,并"认为'倒装'是为实现句中各成分的信息状态合理分布的调节装置,通过调节,使语句的成分有恰当的'错位',达到全息的语用目的。"王磊(1996)对英语倒装句进行了相当详尽的归纳整理,分出五大类二十二种句型,认为有几种是由于语法的需要而必须倒装的(如疑问句),其他大部分倒装句则是可用可不用的。徐、王二位都把存在句算作倒装句。笔者(本书第 8 章)和黄国文(1999)则认为,存在句中的 there 一词并不是经过倒装从后面移到句首的,而是用以引出所要表达的主要信息的主位触发语或主位引发语(Theme-trigger)。

（pragmatic reordering）的手段,倒装便是其中之一。然而,英语倒装句不仅仅是语用重组的结果,而且赋予前置成分和后置主语一种特殊的语篇功能（Dorgeloh 1997：15－18）。我们研究发现,在英语语篇建构过程中,倒装句这一语用重组手段具有如下几种语篇功能（textual function）：话题导入（topic-introducing）功能、情境设定（situation-setting）功能、焦点凸显（focus-highlighting）功能、焦点对比（focus-contrasting）功能、语篇的衔接与连贯（textual cohesion and coherence）功能等。在倒装句的这些语篇功能中,前四种语篇功能主要由其后置成分（即主语）体现,而语篇衔接与连贯功能则既可由前置成分体现,也可由后置成分体现。这就是说,倒装句作为一种语用重组手段,可以将句子成分前置或后置,对新旧信息编排的先后顺序进行重组和调整,从而确保语篇信息编排上下衔接、前后连贯,使语篇成为一个统一的语义整体。

13.4.1　话题导入功能

话题导入功能就是运用一定的句法手段为语篇提供一个话题（topic）,即语篇将要谈论、说明或叙述的人或事。倒装句是一种语用性很强的句法重组手段,在语篇建构过程中可以将某人或某物作为新信息置于句末,为语篇导入一个话题,以供下文谈论之用。例如：

[8] *Three score and nine years old was the redbearded king*, Frederick Barbarossa. *He* was by right the master of Germany. *He* had subdued Italy and had been crowned in the imperial city of Rome. Throughout Europe *his* name was known and feared; in *his* own country *he* was the hero of heroes.

[9] *On the king's wrist sat his favourite hawk*; for in those days *hawks* were trained to hunt. At a word from their masters *they* would fly high up into the air, and look around for prey. If *they* chanced to see a deer or a rabbit, *they* would swoop down upon it swift as an arrow.

例[8]是一则故事的首段。作者第一句就使用了一个倒装句。就孤立的单句而言,这一倒装句和与其相应的常式句"The redbearded king,

Frederick Barbarossa was three score and nine years old"的命题意义是一样的;但是,就信息结构而言,两者是不同的,前者的信息焦点为"the redbearded king, Frederick Barbarossa",而后者的信息焦点则是"three score and nine years old";再从语篇的建构和发展来看,作者采用倒装句这一语用重组手段,把"the redbearded king, Frederick Barbarossa"置于句末,使之成为信息焦点,不仅为语篇的发展导入了所要谈论的话题,而且使整个语篇的前后衔接更加紧密。这一点可以从倒装句引出的话题"the redbearded king, Frederick Barbarossa"同下文的三个 he 和两个 his(如斜体部分所示)之间所形成的照应关系(anaphora)中得到很好的证明。

例[9]是一个语篇的第五段,前面几段对 Genghis Khan 进行了描述,这一段的首句运用倒装句使其前置成分与上文紧密衔接起来,并把主语作为信息焦点后置,这样就为该语篇导入了一个新的话题,下文正是围绕这一新话题 hawk(s)而展开的。这可以从 hawk 与 hawks 的词汇衔接关系以及 hawks 与后面的三个 they 之间的照应关系中看出。

13.4.2　情境设定功能

倒装句的情境设定功能就是为语篇引入一个时间范围或空间范围,使其能够在这一情境内叙述将要发生的事件,从而保证语篇的顺利发展。例如:

[10] It was a dark September morning. There was a storm at sea. A ship had been driven on a low rock off the shores of the Farne Islands. It had been broken in two by the waves, and half of it had been washed away. The other half lay yet on the rock, and those of the crew who were still alive were clinging to it.

[…]

Could any one save the poor, half-drowned men who were there?

On one of the islands was a lighthouse; and there, all through that stormy night, Grace Darling had listened to the storm.

[...]

In the darkness of the night, above the noise of the winds, she heard screams and wild cries. When daylight came, she could see the wreck, a mile away, with the angry water all around it. She could see the men clinging to the masts.

"We must try to save them!" she cried. "Let us go out in the boat at once!"

在例[10]中,倒装句"On one of the islands was a lighthouse"的前置成分"on one of the islands"与上文中的"the Farne Islands"具有衔接关系,是已知信息,而后置的主语"a lighthouse"则是以信息焦点方式为下文所设定的空间情境,即地点。这一语篇正是以"a lighthouse"为情境参照而继续展开的。Grace Darling 所听到的、看到的和想要做的等都是在这一空间情境范围内发生的。

13.4.3 焦点凸显功能

所谓焦点凸显功能是指,在语篇建构中,倒装句的运用可以把交际者想要传递的重要信息置于句末,使之成为信息焦点而得到突出。例如:

[11] The beggar made no answer. He grasped his staff with a firmer grip and gazed across the hall where was the lofty stairway that led to the queen's chambers. *Down the stairs came Pennelope, stately and beautiful, with her servants and maids around her.*

[12] "Yesterday," said the shepherds, "the Tiber suddenly flooded all our pasture lands. As we were hurrying toward the hills with our sheep we beheld a woman standing on a rock in the midst of the flood. We drew nearer, and saw that she was none other than Rhea Silvia, the daughter of old Numitor. When we would have seized her she leaped into the river, and the swirling waters carried her beyond our reach. But on the rock she left her cloak; and *wrapped in the cloak, as you see them now, were these twin baby boys.*"

参照这两例的上下文,被置于倒装句句首的成分"down the stairs"和"wrapped in the cloak"显然是可推知已知信息。其中,"down the stairs"可从"the lofty stairway that led to the queen's chambers"推知;"wrapped in the cloak"可从"but on the rock she left her cloak"推知。而被置于句末的"Pennelope, stately and beautiful, ..."和"these twin baby boys"则是新信息,是交际者要刻意凸显的信息焦点。因此,可以说,这两例典型地体现了倒装句所具有的凸显信息焦点的语篇功能。

13.4.4　焦点对比功能

倒装句的焦点凸显功能是把新信息作为信息焦点凸显出来,而倒装句的焦点对比功能则是使用两个倒装句,把两个成分并置于句末,使之形成强烈的对比性焦点而突出之。例如:

[13] Five, six, seven years passed by, and then strange news was told in Alba Longa. Rhea Silvia, it was said, had escaped from her temple prison. She had gone away with an unknown warrior who was never seen except when dressed in a coat of mail and fully armed. Some said that this warrior was Silvanus, the protector of all cattle; but most believed that he was Mars, the mighty lord of war and battles. [...]

　　Great was the excitement in Alba Longa, and great was the alarm of the false king Amulius. All through the land close search was made for Rhea; but no sign or trace of her could be found.

　　"I shall never be safe while she lives," said Amulius; and he doubled the guards around the city.

在此例中,Alba Longa 的居民和非法的国王 Amulius 听到的是同一个消息,但反应极不相同,前者异常振奋,而后者则惊恐万状。后者的惊慌还可从下文中他自己的言行得到证实。为了表达他们对这同一个消息所产生的极其不同的反应,交际者在这一语篇中使用了两个倒装句,将"the excitement in Alba Longas"和"the alarm of the false king, Amulius"分别置于句末,使两者形成鲜明的对比,成为对比性焦点而得到凸显。

13.4.5　语篇衔接与连贯功能

语篇的建构过程就是语篇信息编码的过程,而信息编码的最一般原则通常是从已知到未知。在语篇建构过程中,倒装句,作为一种语用理据性很强的信息编排手段(information-packaging device),可以用来调整已知信息和新信息的编排顺序、使语篇上下文在结构上衔接、语义上连贯,从而保证语篇信息流的畅通。例如:

[14] He looked around, and ① *not far off, behind a clump of bushes, rose a thin column of smoke*. He put the diamond in the pocket, and walked towards the smoke. Soon he saw a queer little hut, and ② *at the door, upon the ground, sat a man without any legs*. […] ③ *In front of him was a fire*, and ④ *over the fire was a spit*, and ⑤ *on the spit was a young kid roasting*.

例[14]使用了五个倒装句。从语篇信息组织编排来看,小句①和②中的前置成分均为可以从上文推知的已知信息,③、④、⑤中的前置成分都是已知信息;而这五个倒装句中的后置成分则都是由前置的已知信息所引出的新信息。从语篇的主位进程(thematic progression)来看,①、②、③、④、⑤中作为已知信息的前置成分都是由上句的述位转化而来的主位,各句中的后置成分都是各自句中的述位,除①和⑤外,②、③、④中的述位又分别转化为③、④、⑤中的主位。如果用 T 和 R 分别代表主位和述位,这一语篇的主位进程可表示如下:

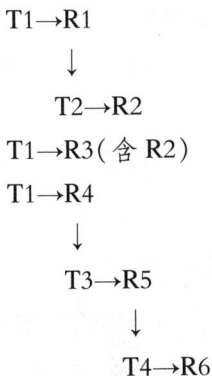

$$T1 \rightarrow R1$$
$$\downarrow$$
$$T2 \rightarrow R2$$
$$T1 \rightarrow R3(含 R2)$$
$$T1 \rightarrow R4$$
$$\downarrow$$
$$T3 \rightarrow R5$$
$$\downarrow$$
$$T4 \rightarrow R6$$

$$\downarrow$$

$$T5{\rightarrow}R7$$

$$\downarrow$$

$$T6{\rightarrow}R8$$

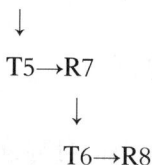

由此可以看出,在这一语篇中,这些倒装句的运用实现了从已知到未知的信息编码原则,起到了调节新旧信息顺序的作用,使整个语篇成为一个前后衔接、上下连贯、环环相扣、信息流畅通的语篇。

13.5　结　语

综上所述,句式可分为常式句与变式句。在语言运用中,变式句往往是交际者在语用原则指导下为了达到交际目的而选择使用的句式,所以,其语用理据性一般要强于常式句。倒装句是变式句的一种,可分为强制性倒装和非强制性倒装。作为一种语用重组手段,倒装句在语篇建构过程中具有如图 13-1 所示的各种语篇功能。倒装句的这些语篇功能充分验证了语言的可变性、协商性和顺应性,因为正是倒装句这一可变手段及其功能才使交际者能够在语用原则和语用策略指导下做出灵活的选择和变通而实现其交际目的。

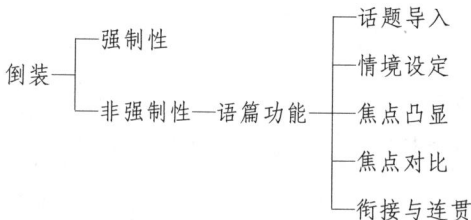

```
                        ┌─话题导入
         ┌─强制性       ├─情境设定
倒装─────┤              │
         └─非强制性─语篇功能─┼─焦点凸显
                        ├─焦点对比
                        └─衔接与连贯
```

图 13-1　倒装句的分类及其语篇功能

为叙述方便起见,我们在第三节的各小节中分别讨论了倒装句的五种语篇功能:话题导入、情境设定、焦点凸显、焦点对比、衔接与连贯,但是,这些功能并不互相排斥,也不是孤立地起作用。实际上,在语篇建构过程中,一个倒装句不可能只起到一种语篇功能,而往往是可以同时起到不止一种语篇功能。譬如,例[8]中的倒装句不仅为语篇的发展导入了话题,而且凸显了焦点"the redbearded king, Frederick Barbarossa";例[10]中的倒装句在设定情境的同时,也起到了凸显焦点、衔接与连贯的语篇功能。例[14]中的倒装句不仅实现了语篇的衔接、保持了语篇的连贯,还体现了焦点凸显功能。这说明,倒装句的这些语篇功能往往共同作用于语篇建构,使语篇成为一个统一的语义整体。

14

英语方位倒装句的语篇功能及其认知理据[*]

14.1 引 言

客观世界中的事物都存在于一定的空间之中。通过人的认知加工，处于空间中的事物与事物之间可以呈现出这样或那样的空间关系，而这些空间关系，经过人对其概念化后，可以在语言中形成一定的表达式。这样的表达式在认知语言学中可以叫作空间关系结构（spatial-relation construction）。英语中的方位倒装句就是一种空间关系结构，其句首成分为具有空间、位置、方向等方位意义的介词短语。本章将运用认知语言学中的图形-背景关系（Figure-Ground relation）理论和认知参照点（cognitive reference point）理论，探讨英语方位倒装句的语篇建构功能和认知理据。

---

* 本章原载《外语教学与研究》2011 年第 4 期第 529—541 页，略有修改。

14.2　图形-背景关系和英语方位倒装句

14.2.1　认知语言学中的图形-背景关系

图形和背景概念来自完形心理学（Gestalt psychology）。丹麦心理学家鲁宾（Edgar Rubin）在1915年运用其设计的"人面/花瓶幻觉图"（face/vase illusion），研究了图形-背景现象，对视觉感知中如何区分图形和背景进行了深入分析。他的图形-背景区分（figure-ground distinction）观点形成了完形心理学中的五种完形组织法则之一，即图形-背景法则。这一法则意指，"在一个具有一定配置的场（field）内，有些对象突出出来形成易于被感知的图形，而其他对象则退居次要地位成为背景"（车文博1998：426）。"在一般情境下，图形与背景是主副关系，图形是主题，背景是衬托"；而且"图形必须有背景的衬托始能显现"（参见张春兴1994：118）。值得注意的是，图形和背景可以相互转化。"原来为图形的可变成背景，原来为背景的可转换为图形"（车文博1998：427）。"在从背景向图形的转变过程中，一个场部分变得更加稳固，而在从图形向背景的转变过程中，一个场部分变得更加松散"（考夫卡1997：243）。实际上，图形和背景的转化是人在感知外界事物过程中注意焦点的变化所致。就拿人面/花瓶幻觉图来说，人在观看此图时可能看到两种结果，一是看到一个花瓶，一是看到两个面孔，因为人一般不能把注意力同时集中在两个事物上。

塔尔米早在20世纪70年代就把完形心理学中的图形-背景区分引入认知语言学，研究复合句中两个事件之间的关系。一般来讲，从句表达的是发生较早或表示原因的事件，倾向于被看作背景，主句表达的则是发生较晚或表示结果的事件，倾向于被视为图形（Talmy 1978：625）。在例[1]这一复合句中，主句和从句中的两个事件之间是一种时间关系。从句中的"按按钮"事件发生在主句中的"爆炸"事件之前，后者以前者为参照而被凸显出来。因此，主句中的事件被视为图形，从句中的事件被视为背景。

　　[1] He exploded after he touched the button.

此后,塔尔米(1983,2000)又进一步发展完善了这一观点,提出了图形-背景关系①理论。图形-背景关系可以用来解释某一移动或方位事件中在空间上相关的两个物体及其相互关系。在这种关系中,图形指的是一个移动的或概念上可以移动的实体,背景指的是一个参照实体。图形的路径、位置或方向依据背景而得以确定和描述(Talmy 1983:232,2000:311-312)。他继而指出,图形与背景具有不同的本质特征(definitional characteristics)和联想特征(associative characteristics)(Talmy 2000:315-316),如表14-1所示。

表14-1 图形和背景的本质特征和联想特征

	图 形	背 景
本质特征	具有未知的、需要确定的时空特征	作为参照实体,具有可以标明图形之未知性的已知特征
联想特征	较可动	较固定
	较小	较大
	(几何形状)较简单	(几何形状)较复杂
	进入场景/意识较晚	较熟悉/已预料到的
	引起较多关注/更加相关	引起较少关注/较少相关
	即时意识性小	即时意识性大
	一旦意识到,凸显性强	背景性强
	依赖性强	独立性强

兰艾克(1987,1991)在其认知语法理论中也对图形和背景概念进行了详细论述。他把图形/背景组织(figure/ground organization)②视为人的一种基本认知能力。他认为,概念结构中的图形/背景组织对于语义结构

---

① 塔尔米用首字母大写的 Figure(图形)和 Ground(背景)代替了完形心理学中首字母小写的 figure 和 ground,意在表明他是在语言学意义上使用这两个概念(Talmy 2000:312)。

② 需要说明的是,兰艾克是在讨论焦点调节(focal adjustment)中的视角时探讨图形-背景关系的。另外,他还提出了侧显(profile)和基体(base)与射体(trajector)和界标(landmark)两对相关概念来分析词语意义和构式。射体和界标大体上分别相当于图形和背景(参见 Langacker 1987:217-220,231-232;Croft & Cruse 2004:58)。

和语法结构都是非常重要的。某一情景中的图形是从其余部分（即背景）被感知为"突出"的次结构，是一个被赋予了特别凸显性的实体。情景就是围绕这一实体组织起来并为其提供场景的。对于一个给定情景来说，图形/背景组织一般不是自主确定的；同一情景往往可以通过选择不同的图形来进行构建。然而，各种各样的因素影响着图形选择的自然性和可能性。一个与周围环境具有强烈对比而且相对紧凑的区域倾向于被选择为图形。因此，如果在一个黑色场中有一个白色的点儿，这个白色的点儿就最有可能被选择为图形（Langacker 1987：120）。兰艾克还认为，图形/背景组织几乎是完全主观的。在某一情景中，虽然把一个实体选择为图形是由某些客观特性（如紧凑性、移动性、对比性等）促动的，但图形/背景关系并不是情景中固有的，而是人识解的结果（Langacker 1991：308）。

在塔尔米和兰艾克看来，图形-背景关系不同于范畴化和隐喻。图形-背景关系是一种比较关系，是由同一情景中两个实体相互比较而产生的一种关系。判断不同实体是否属于同一范畴、或判断不同实体之间是否存在隐喻关系，均要依据实体之间的相似性。因此，范畴化和隐喻是通过相似性判断实现的，而图形-背景关系则是通过对比性判断实现的（Croft & Cruse 2004：54－58）。

14.2.2　英语方位倒装句为 GtF 结构

英语方位倒装句的典型结构为：方位短语+谓语动词+名词性短语。例如：

［2］On the sled lay a third man whose toil was over.

在例［2］中，介词短语"on the sled"为方位短语，表示空间范围，动词 lie 为姿势动词（verbs of stance），表示名词性短语"a third man whose toil was over"所处的状态。

陈融（Chen 2003：46－55）根据认知心理学中的图形/背景完形（figure/ground gestalt）和塔尔米（1978）的图形-背景关系研究了英语倒装句，提出了 GbF 模式（Ground-before-Figure model），并把英语倒装句看作一种 GbF 结构（Ground-before-Figure construction）。可以说，陈融的这一

观点具有较强的解释力。但是,这只能看作是按照英语倒装句中各成分的先后顺序所提出的一种解释,因为该模式忽略了其中谓语动词的作用。

我们认为,英语方位倒装句是一种 GtF 结构(Ground + t(ransition) + Figure construction),其中,G 为具有背景作用的方位短语,F 为具有图形作用的名词性短语,t 为过渡,由谓语动词充当,表示 G 与 F 之间所具有的方位关系。这绝不是简单地把 GbF 中的 before 替换为 transition 而成为 GtF,而是要充分体现谓语动词在英语方位倒装句中的重要作用,因为其中的谓语动词不是表示这种结构所涉及的两个实体间的先后顺序的,而是表示处于该构式末尾的名词性短语所代表的实体在空间中所处之状态的。也就是说,英语方位倒装句中的谓语动词表达的是该结构所涉及的两个实体之间具有什么样的方位关系。

一般来讲,能够充当英语 GtF 结构中过渡的谓语动词主要有静态动词(如 be)、姿势动词(如 sit、stand、lie)和移动动词(如 come、run)。如果英语 GtF 结构中的过渡为静态动词或姿势动词,背景和图形之间是一种静态方位关系。如果英语 GtF 结构中的过渡为移动动词,背景和图形之间则是一种动态方位关系。例如:

[3] Behind the sled (G) was (t) François (F), pulling till his tendons cracked.

[4] Into the clearing where the moonlight streamed, they poured in a silvery flood; and *in the centre of the clearing* (G) *stood* (t) *Buck* (F), motionless as a statue, waiting their coming.

[5] On her other side (G) ran (t) a gaunt wolf (F).

[6] From the forest (G) came (t) the call (F), distinct and definite as never before.

例[3]和[4]体现的是背景和图形之间的静态方位关系,其中,"behind the sled"和"in the centre of the clearing"为背景,François 和 Buck 为图形,was 和 stood 为过渡。两者的区别在于:例[3]中的过渡为静态动词 be,表明图形静态地位于背景之中;例[4]中的过渡为姿势动词 stand,表明图形以站立的姿势位于背景之中。在例[5]和[6]中,背景和图形之间是动态方位关系,其中,"on her other side"和"from the forest"为背景,"a gaunt wolf"和"the call"为图形,run 和 come 为过渡。这两例中的过渡均为移动动词,但由于背景的意义不同,因此所表达的动态方位关系也不尽相同。例[5]中的背景为空间参照,表明图形移动的空间范围;例[6]中的背景为方向参照,表明图形是以这一方向为参照而移动的。

由此可知,英语 GtF 结构一般要涉及两个相关实体,表示的是两个实体之间的空间关系。由句首成分体现的实体具有图形-背景关系中背景的本质特征和联想特征,具有空间意义和空间参照作用,由句末成分体现的实体则具有图形-背景关系中图形的本质特征和联想特征,是一个需要依据前者才能定位的实体。在英语 GtF 结构的这三个要素中,背景具有标明图形所在的空间范围或按一定方向移动的作用,图形由于背景的衬托而成为最凸显的内容,过渡则具有标明背景和图形之间的静态空间关系或动态空间关系的作用。

实际上,英语 GtF 结构的静态性和动态性取决于过渡的性质。这可以从杰肯道夫对状态句(sentences of STATES)和事件句(sentences of EVETS)的划分得到解释。他把描述空间方位和空间移动(spatial location and motion)的句子称为空间句(spatial sentences)。他认为,在这类句子中,介词短语标明位置或路径,用作主语的名词性短语表示物体,谓语动词则明确标示物体与位置或路径的关系。从整体上讲,句子标示出物体所处的情境或者是物体按照一定的路径而移动的事件(Jackendoff 1983:170)。根据谓语动词的词义特性,杰肯道夫把空间句区分为表达状态意义的状态句和表达事件意义的事件句。这一区分是建立在这样一个语言检验(linguistic test)的基础之上的:如果一个空间句可以出现在或用在"What happened/occurred/took place was (that) ..."之后,则为事件句,否则,就属于状态句,因为事件是发生的,状态则不是发生的(Jackendoff 1983:170-171),而是已经存在的。例如:

[7] *a*. What happened was that $\left\{\begin{array}{l}\text{Bill flew around the pole.}\\ \text{the rock fell off the table.}\end{array}\right\}$

　　　b. ?What happened was that $\left\{\begin{array}{l}\text{Max was in Africa.}\\ \text{the statue stood in the park.}\end{array}\right\}$

很显然,例[7a]中的 Bill flew around the pole 和 the rock fell off the table 描述的是物体所发生的动作,故为事件句,而例[7b]中的 Max was in Africa 和 the statue stood in the park 描述的是物体所处的状态,因此为状

态句。据此可以认为,在英语 GtF 结构中,如果过渡表达的是状态这样的静态意义,如上例[2]、[3]、[4],该结构为状态句;如果过渡表达的是事件这样的动态意义,如上例[5]、[6],该结构则为事件句。

14.3 英语 GtF 结构的语篇建构功能

在小句层面上,语句可分为基本小句结构和非基本小句结构。割裂结构、疑问结构、话题化结构以及被动结构均为非基本小句结构。这些非基本小句结构的主要作用在于提供不同的小句信息结构,从而使不同的论元成为话题或焦点(Goldberg 1995:43)。作为倒装结构之一,英语GtF 结构应属于戈德伯格(Goldberg)所说的非基本小句结构,与相对应的基本小句结构有着相同的论元结构。例如:

[8] *a.* Under the doormat lay the key to the front door.

    b. The key to the front door lay under the doormat.

[9] *a.* Down the hill rolled the baby carriage.

    b. The baby carriage rolled down the hill.

在例[8]、[9]中,例[8a]、[9a]为非基本小句结构,例[8b]、[9b]为相对应的基本小句结构。从命题的角度来看,例[8a]、[8b]和例[9a]、[9b]则分别是同一命题内容的不同表达形式。然而,从图形-背景关系来看,例[8a]、[9a]为 GtF 结构,例[8b]、[9b]则可视为 FtG 结构。也就是说,例[8a]、[9a]以背景为起点(starting point)展开话语,例[8b]、[9b]则以图形为起点展开话语。"起点①的功能之一就是传递一种视角"(MacWhinney 1977)。起点不同,视角也就不同。视角不同,所传递的信息焦点也就不同。以例[8]来说,例[8a]、[8b]分别以背景 the doormat 和

① 麦克温尼(Brian MacWhinney)的"起点"概念和布拉格语言学派和韩礼德系统功能语言学的"主位"概念基本相同。可参阅瓦切克(Vachek 2003),韩礼德(1985, 1994, 2004)。

图形 the key 为视角,信息焦点则分别为图形 the key 和背景 the doormat,前者意在描述处于背景 the doormat 之下的"the key to the front door",后者则意在描述图形 the key 所在的位置是"under the doormat"。

由此可知,"一个命题,在真值条件相同的情况下,可以用不同的言语方式进行表达,但说话人在交际过程中不是在各种表达式中随意选择,而是根据其语用目的来进行选择"(Birner & Ward 1998:1)。那么,作为一种非基本小句结构,英语 GtF 结构在语篇建构中必然有其自身的功能。下面先分别讨论英语 GtF 结构中背景和图形的语篇功能,然后在第 14.4 节中说明它们为什么会有这样的功能。

14.3.1　英语 GtF 构式中背景的语篇衔接功能

背景是一个具有已知性的实体,具有参照点的作用(Talmy 2000:312)。这就表明,英语 GtF 结构中的背景因其已知性而传递已知信息,在语篇中为话语旧信息①(discourse-old information)(Birner 1996:82-83)或可推知(inferable)信息(Prince 1981)。因此,英语 GtF 结构中的背景在语篇建构中可以起到与上文保持衔接的作用。例如:

[10] Thornton's desperate struggle was fresh-written on the earth, and Buck scented every detail of it down to the edge of a deep pool. *By the edge, head and fore feet in the water, lay Skeet, faithful to the last.*

[11] Had there been food, love-making and fighting would have gone on apace, and the pack-formation would have been broken up. But the situation of the pack was desperate. It was lean with long-standing hunger. It ran below its ordinary speed. *At the rear limped the weak members, the very young and very old. At the front were the strongest.* Yet all were more like skeletons than full-bodied wolves.

---

① 话语旧信息和话语新(discourse-new)信息、听者新(hearer-new)信息、听者旧(hearer-old)信息的概念是从话语和听者两个角度提出的,它们相互结合,共同作用于语篇的建构。详细论述可参阅伯纳(1996:77-83)与伯纳和沃德(1998:97-154),以及张克定(2008)。

在例[10]中,斜体部分是一个 GtF 结构,其中"by the edge"为背景,说明了 Skeet 所处的确切方位。同时,这一背景与上文中的"the edge of a deep pool"具有直接的衔接关系。例[11]中的斜体部分是两个 GtF 结构,背景分别为"at the rear"和"at the front",这两个背景似乎与上文没有直接的衔接关系,但稍微向上追溯一点儿,就可以发现,它们与上文中的 the pack 具有明显的衔接关系,即"at the rear/front of the pack"。从话语信息状态来看,例[10]中的背景传递的是话语旧信息,而例[11]中的两个背景传递的则是可推知信息,但话语旧信息和可推知信息均属于已知信息。也正是它们所传递的已知信息才使其与上文形成了紧密的衔接关系,同时也为引入新信息提供了参照点。

14.3.2 英语 GtF 结构中图形的新实体引入功能

从认知上讲,英语 GtF 结构中的图形是一个有待定位的实体和所要凸显的对象,具有未知性,通常传递新信息。兰艾克(1993,1999)认为,英语 GtF 结构具有呈现(presentational)作用,其特点是,以结构之首的方位短语为参照来确定新引入的成分。因此,这种结构的作用就是把一个新的成分或参与者引入场景,并使之成为焦点(Langacker 1993,1999:196,2001,2008:81)。由于英语 GtF 结构本身就是表达两个实体之间空间关系的结构,我们可以把兰艾克所说的新的成分或参与者合称为新实体,即 GtF 结构中的图形。在语篇建构过程中,GtF 结构中的图形具有两种功能:一是成为语篇下文得以展开的话题,一是成为语篇下文得以展开的场景。在例[12]、[13]中,GtF 结构中的图形就是被引入语篇的新实体,语篇下文也是以此为话题展开的。在例[14]中,由于被 GtF 结构引入语篇的新实体本身所具有的空间特征,语篇下文以此为场景而展开。

[12] But there *was* life, abroad in the land and defiant. *Down the frozen waterway toiled a string of wolfish dogs.* **Their bristly fur** was rimed with frost. **Their breath** froze in the air as it left their mouths, spouting forth in spumes of vapor that settled upon the hair of their bodies and formed into crystals of frost. Leather harness was on the

dogs, and leather traces attached them to a sled which dragged along behind.

[13] They traveled on without speech, saving their breath for the work of their bodies. *On every side was the silence, pressing upon them with a tangible presence.* **It** affected their minds as the many atmospheres of deep water affect the body of the diver. **It** crushed them with the weight of unbending vastness and unalterable decree. **It** crushed them into the remotest recesses of their own minds, pressing out of them, like juices from grape, all the false ardors and exaltations and undue self-values of the human soul, until they perceived themselves finite and small, specks and motes, moving with weak cunning and little wisdom amidst the play and interplay of the great blind elements and forces.

在例[12]中,斜体部分为 GtF 结构,其中"a string of wolfish dogs"为图形。该图形是新信息,是焦点,是所要凸显的实体。在语篇层面上,这一图形则是被引入的新实体。紧接着的两个语句分别以"their bristly fur"和"their breath"为主语,对"a string of wolfish dogs"这一新实体进行描述。这说明,这一新实体就是被引入语篇的话题。例[13]中的斜体部分为一个 GtF 结构,其中 the silence 为图形,这一图形作为新实体被引入语篇后,成为下文得以展开的话题。下文以代词 it 指代 the silence 这一新实体,并连续使用了三个以 it 为主语的语句对这一新实体进行描述。值得注意的是,在此例中,虽然 the silence 这一图形在形式上是有定的(definite),似乎是已知信息,但实际上,只是可以从上文推知的信息,而且它本身具有一定的新信息性(newness)。因此,从语篇层面上看,该图形传递的应是话语新信息(discourse-new information)。可以说,正是这种话语新信息才保证了这一语篇的可接受性和语篇信息流的畅通。

[14] It was a dark September morning. There was a storm at sea. A ship had been driven on a low rock off the shores of the Farne Islands. It had been broken in two by the waves, and half of it had been washed away. The other half lay yet on the rock, and those of the crew who were still alive were clinging to it. But the waves were

dashing over it, and in a little while it too would be carried to the bottom.

Could any one save the poor, half-drowned men who were there?

On one of the islands was a lighthouse; and there, all through that stormy night, Grace Darling had listened to the storm.

Grace was the daughter of the lighthouse keeper, and she had lived by the sea as long as she could remember.

In the darkness of the night, above the noise of the winds, she heard screams and wild cries. When daylight came, she could see the wreck, a mile away, with the angry water all around it. She could see the men clinging to the masts.

"We must try to save them!" she cried. "Let us go out in the boat at once!"

…

例[14]中的"On one of the islands was a lighthouse"为 GtF 结构,其中"on one of the islands"为背景,与上文中的 the Farne Islands 具有衔接关系,a lighthouse 为图形,是被引入语篇的新实体。与例[12]、[13]中的 GtF 结构所引入的实体不同,a lighthouse 没有成为下文继续展开的话题,而成了语篇得以展开的场景。下文正是以 a lighthouse 这一新实体为场景,叙述了 Grace Darling 在那个暴风雨之夜所听到的尖叫声和惨叫声,叙述了她第二天黎明时所看到的惨景,叙述了她要救援落难船员的善良愿望和果敢行动。值得注意的是,由 GtF 结构引入语篇的新实体要能够成为语篇展开的场景,必须满足这样一个条件: 该实体本身必须具有空间特征。

14.4 英语 GtF 结构语篇功能的认知理据

在语篇建构中,英语 GtF 结构之所以既有与上文保持衔接的功能,又有引入新实体的功能,是因为背景所具有的认知参照点[①]性质。认知参照点概念是由兰艾克(1990,1991,1993)从认知心理学引入认知语法研究的。他把认知参照点看作普遍存在于人们的日常经验之中的一种基本认知能力。这种参照点能力的意思是,人能够通过激活某一实体概念来建立与另一实体的心理联系(mental contact),并使之获得意识凸显性。也就是说,人总是以一实体为参照点来识解出另一实体,从而在两者之间建立起一种心理联系(Langacker 1991:170-172,1993,1999:174)。

据此可以认为,在语篇建构过程中,英语 GtF 结构中的背景是以上文某一实体为认知参照点而识解出的一个实体,正是由于两者之间的这种认知上的联系,背景成为具有已知性的实体而与上文构成衔接关系。也正是由于其已知性特征,背景又成为识解另一实体(即图形)的认知参照点,进而把图形作为新实体引入语篇,从而使图形成为语篇下文得以展开的话题或场景。概括起来讲,英语 GtF 结构中的背景既是通过语篇上文识解出的实体,又是为语篇下文引入话题或场景的认知参照点,其作用是连接语篇上文和下文的桥梁。如在例[14]中,GtF 结构"On one of the islands was a lighthouse"中的背景"on one of the islands"就起着桥梁的作用。从语篇上文来看,这一背景是以 the Farne Islands 为认知参照点而识解出的实体;而从语篇下文来看,这一背景又是引入图形 a lighthouse 这一新实体的认知参照点。

14.5 结 语

由上述可知,图形-背景关系理论很好地揭示了英语方位倒装句的内部认知关系。我们把英语方位倒装句视为一种 GtF 结构的依据是方位短语和名词性短语所分别具有的背景和图形的性质和特点,同时,谓语动词

---

① 在认知心理学中,认知参照点主要是指在范畴中用作感知定位点(anchoring points)的理想类型(ideal types)(Rosch 1975)。

（即过渡）的作用则在于标明结构整体意义的静态性和动态性。更重要的是，英语 GtF 结构实际上是人对客观事物之间的空间关系的观察与体验的结果，是客观事物间的空间关系在语言结构中的体现形式之一。

在语篇建构过程中，英语 GtF 结构具有与上文保持衔接的功能和为下文引入新实体的功能。前者由背景完成，后者由图形完成。具体来讲，背景起着一种桥梁的作用。一方面，背景由于自身所具有的已知信息的性质，肩负着与上文保持衔接的功能，另一方面，背景又因自身的认知参照点性质，起着话语起点的作用。图形是以背景为参照点和话语起点被引入语篇的新实体，这一新的实体可以为语篇的继续展开提供话题，也可以提供空间场景。

参考文献

Abbott, B. A. 1993. Pragmatic account of the definiteness effect in existential sentences. *Journal of Pragmatics*, 19(1).

Bach, E. & R. T. Harms (Eds.). 1968. *Universals in Linguistic Theory*. New York: Holt, Rinehart and Winston.

Berry, M., C. Butler, R. Fawcett & G. W. Huang (Eds.). 1996. *Meaning and Form: Systemic Functional Interpretations*. Norwood, New Jersey: Ablex Publishing Corporation.

Biber, D., S. Johansson, G. Leech, S. Conrad & E. Finegan. 1999. *Longman Grammar of Spoken and Written English*. London: Longman.

Birner, B. J. 1994. Information status and word order: An analysis of English inversion. *Language*, 70(2).

Birner, B. J. 1996. *The Discourse Function of Inversion in English*. New York & London: Garland Publishing, Inc.

Birner, B. J. & G. Ward. 1998. *Information Status and Noncanonical Word Order in English*. Amsterdam: John Benjamins.

Bloor, T. & M. Bloor. 1995. *The Functional Analysis of English: A Hallidayan Approach*. London: Arnold.

Brown, E. K. & J. E. Miller. 1980. *Syntax: A Linguistic Introduction to Sentence Structure*. London: Hutchison & Co. Ltd.

Brown, G. & G. Yule. 1983. *Discourse Analysis*. Cambridge: Cambridge University Press.

Brown, G. , K. L. Currie & J. Kenworthy. 1980. *Questions of Intonation*. London: Croom Helm Ltd.

Chafe, W. L. 1970. *Meaning and the Structure of Language*. Chicago: The University of Chicago Press.

Chafe, W. L. 1976. Givenness, contrastiveness, definiteness, subjects, topics and point of view. In C. N. Li (Ed.). *Subject and Topic*. New York: Academic Press.

Chalker, S. & E. Weiner. 1998. *Oxford Dictionary of English Grammar*. Oxford: Oxford University Press.

Chao, Y. R. 1968. *A Grammar of Spoken Chinese*. Berkeley: University of California Press.

Chen, R. 2003. *English Inversion: A Ground-before-Figure Construction*. Berlin: Mouton de Gruyter.

Chomsky, N. 1972. *Studies on Semantics in Generative Grammar*. The Hague: Mouton & Co. N.V., Publishers.

Cole, P. (Ed.). 1981. *Radical Pragmatics*. New York: Academic Press.

Cole, P. & J. Sadock (Eds.). 1977. *Syntax and Semantics 8: Grammatical Relations*. New York: Academic Press.

Coopmans, P. 1989. Where stylistic and syntactic processes meet: Locative inversion in English. *Language*, 65(4).

Couper-Kuhlen, E. 1986. *An Introduction to English Prosody*. London: Edward Arnold Ltd.

Croft, W. & D. A. Cruse. 2004. *Cognitive Linguistics*. Cambridge: Cambridge University Press.

Cruttenden, A. 1980. *Intonation*. Cambridge: Cambridge University Press.

Crystal, D. 1969. *Prosodic Systems and Intonation in English*. Cambridge: Cambridge University Press.

Crystal, D. 1985. *A Dictionary of Linguistics and Phonetics*. Oxford: Blackwell Ltd.

Declerk, R. 1984. The pragmatics of it-clefts and wh-clefts. *Lingua*, 64(4).

Delahunty, G. P. 1984. The analysis of English cleft sentences. *Linguistic Analysis*, 13(2).

Dik, S. C. 1981. *Functional Grammar* (3rd ed.). Dordrecht: Foris Publications.

Dik, S. C. 1989. *The Theory of Functional Grammar*. Dordrecht: Foris Publishers.

Dik, S. C. 1997. *The Theory of Functional Grammar, Part 1: The Structure of the Clause* (2nd ed.). Berlin: Mouton de Gruyter.

Dirven, R. & M. Verspoor (Eds.). 2004. *Cognitive Explorations of Language and Linguistics* (2nd ed.). Amsterdam: John Benjamins Publishing Company.

Dorgeloh, H. 1997. *Inversion in Modern English: Form and Function.* Amsterdam: John Benjamins Publishing Company.

Eggins, S. 1994. *An Introduction to Systemic Functional Linguistics.* London: Pinter Publishers Ltd.

Enkvist, N. E. 1979. Marked focus: functions and constraints. In S. Greenbaum, G. N. Leech & J. Svartvik (Eds.). *Studies in English Linguistics for Randolph Quirk.* London: Longman Group Ltd.

Erteschik-Shir, N. 1997. *The Dynamics of Focus Structure.* Cambridge: Cambridge University Press.

Fawcett, R. P. & G. W. Huang. 1995. A functional analysis of the enhanced theme construction in English. *Interface: Journal of Applied Linguistics,* 10(1).

Fillmore, C. J. 1968. The case for case. In E. Bach & R. T. Harms (Eds.), *Universals in Linguistic Theory.* New York: Holt, Rinehart and Winston. Also in C. J. Fillmore. 2003. *Form and Meaning in Language, Volume 1: Papers on Semantic Roles.* Stanford, California: CSLI Publications.

Fillmore, C. J. 1977. The case for case reopened. In P. Cole & J. Sadock (Eds.), *Syntax and Semantics 8: Grammatical Relations.* New York: Academic Press. Also in C. J. Fillmore. 2003. *Form and Meaning in Language, Volume 1: Papers on Semantic Roles.* Stanford, California: CSLI Publications.

Fillmore, C. J. 2003. *Form and Meaning in Language, Volume 1: Papers on Semantic Roles.* Stanford, California: CSLI Publications.

Finegan, E. & N. Besnier. 1989. *Language: Its Structure and Use.* Orlando, Florida: Harcourt Brace Jovanovich, Inc.

Firbas, J. 1992. *Functional Sentence Perspective in Written and Spoken Communication.* Cambridge: Cambridge University Press.

Fontaine, L., T. Bartlett & G. O'Grady (Eds.). 2013. *Systemic Functional Linguistics: Exploring Choice.* Cambridge: Cambridge University Press.

Gazdar, G. 1979. *Pragmatics: Implicature, Presupposition, and Logical Form.* New York: Academic Press.

Givón, T. 1984. *Syntax: A Functional-Typological Introduction, Vol. 1.* Amsterdam:

参
考
文
献

参考文献

John Benjamins.

Givón, T. 1990. *Syntax: A Functional Typological Introduction*, Vol. 2. Amsterdam: John Benjamins Publishing Company.

Goldberg, A. E. 1995. *Constructions: A Construction Grammar Approach to Argument Structure*. Chicago: University of Chicago Press.

Granger, S. 1983. *The Be + Past Participle Construction in Spoken English*. Amsterdam & Elsevier Science Publishers B. V.

Green, G. M. 1980. Some wherefores of English inversion. *Language*, 56(3).

Green, G. M. 1989. *Pragmatics and Natural Language Understanding*. New Jersey: Lawrence Erlbaum Associates, Publishers.

Green, G. M. 1996. *Pragmatics and Natural Language Understanding* (2nd ed.). New Jersey: Lawrence Erlbaum Associates, Inc.

Greenbaum, S. 1969. *Studies in English Adverbial Usage*. London: Longman.

Greenbaum, S., G. N. Leech & J. Svartvik (Eds.). 1979. *Studies in English Linguistics for Randolph Quirk*. London: Longman Group Ltd.

Greenberg, J. H., C. A. Ferguson & E. A. Moravcsik (Eds.). 1978. *Universals of Human Language, Volume 4: Syntax*. Stanford, California: Stanford University Press.

Halliday, M. A. K. 1967. Notes on transitivity and theme in English (Part II). *Journal of Linguistics*, 3(2).

Halliday, M. A. K. 1970a. *A Course in Spoken English: Intonation*. London: Oxford University Press.

Halliday, M. A. K. 1970b. Language structure and language function. In J. Lyons (Ed.), *New Horizons in Linguistics*. Harmondsworth: Penguin Books Ltd.

Halliday, M. A. K. 1985. *An Introduction to Functional Grammar*. London: Edward Arnold Ltd.

Halliday, M. A. K. 1994. *An Introduction to Functional Grammar* (2nd ed.). London: Edward Arnold Ltd.

Halliday, M. A. K. 1995. Language and the reshaping of human experience. In B. Dendrinos (Ed.), *Proceedings of the Fourth International Symposium on Critical Discourse Analysis*. Athens: University of Athens Press.

Halliday, M. A. K. 1998. Things and relations: Regrammaticising experience as technical knowledge. In J. R. Martin & R. Veel (Eds.), *Reading Science: Critical and Functional Perspectives on Discourses of Science*. London: Routledge.

Halliday, M. A. K. 2002. *The Language of Science*. Edited by J. J. Webster. London: Continuum.

Halliday, M. A. K. 2004. *An Introduction to Functional Grammar* (3rd ed.). Revised by C. M. I. M. Matthiessen. London: Arnold.

Halliday, M. A. K. 2013. Meaning as choice. In L. Fontaine, T. Bartlett & G. O'Grady (Eds.), *Systemic Functional Linguistics: Exploring Choice*. Cambridge: Cambridge University Press.

Halliday, M. A. K. 2014. *Halliday's Introduction to Functional Grammar* (4th ed.). Revised by C. M. I. M. Matthiessen. London: Routledge.

Halliday, M. A. K. & R. Hasan. 1976. *Cohesion in English*. London: Longman Group Ltd.

Halliday, M. A. K. & C. M. I. M. Matthiessen. 1999. *Construing Experience Through Meaning: A Language-based Approach to Cognition*. London: Continuum.

Hannay, M. 1985. *English Existentials in Functional Grammar*. Dordrecht: Foris Publications.

Hasan, R. & P. H. Fries. 1995. Reflections on subject and Theme: An introduction. In R. Hasan & P. H. Fries (Eds.), *On Subject and Theme: A Discourse Functional Perspective*. Amsterdam: John Benjamins Publishing Company.

Hasselgård, H. 2010. *Adjunct Adverbials in English*. Cambridge: Cambridge University Press.

Heine, B., U. Claudi & F. Hünnemeyer (Eds.). 1991. *Grammaticalization: A Conceptual Framework*. Chicago: University of Chicago Press.

Horn, L. R. 1985. Metalinguistic negation and pragmatic ambiguity. *Language*, 61(1).

Horn, L. R. 1986. Presupposition, theme and variations. *Papers from the Parasession on Pragmatics and Grammatical Theory*. Chicago Linguistic Society, (22).

Hornby, A. S. 1976. *Guide to Patterns and Usage in English* (2nd ed.). Oxford: Oxford University Press.

Huang, G. W. 1996. Experiential enhanced theme in English. In M. Berry, C. Butler, R. Fawcett & G. W. Huang (Eds.), *Meaning and Form: Systemic Functional Interpretations*. Norwood, New Jersey: Ablex Publishing Corporation.

Huddleston, R. 1988. *English Grammar: An Outline*. Cambridge: Cambridge University Press.

Huddleston, R. 1995. *Introduction to the Grammar of English*. Cambridge: Cambridge

参考文献

University Press.

Huddleston, R. & G. K. Pullum (Eds.). 2002. *The Cambridge Grammar of the English Language*. Cambridge: Cambridge University Press.

Hunston, S. & G. Thompson (Eds.). 2000. *Evaluation in Text: Authorial Stance and the Construction of Discourse*. Oxford: Oxford University Press.

Hyman, L. M. 1983. Form and substance in language universals. *Linguistics*, 21(1).

Hyman, L. M.,1984. Form and substance in language universals. In B. Butterworth, B. Comrie & Ö. Dahl (Eds.), *Explanations for Language Universals*. Berlin: Walter de Gruyter & Co.

Jackendoff, R. 1972. *Semantic Interpretation in Generative Grammar*. Cambridge, Mass.: The MIT Press.

Jackendoff, R. 1983. *Semantics and Cognition*. Cambridge, Mass.: The MIT Press.

Jackson, H. 1980. *Analyzing English: An Introduction to Descriptive Linguistics*. Oxford: Pergamon Press Ltd.

Jones, D. 1956. *An Outline of English Phonetics*. Cambridge: W. Heffer & Sons Ltd.

Kempson, R. M. 1975. *Presupposition and the Delimitation of Semantics*. Cambridge: Cambridge University Press.

König, E. 1991. *The Meaning of Focus Particles: A Comparative Perspective*. London: Routledge.

Kress, G. R. (Ed.). 1976. *Halliday: System and Function in Language*. Oxford: Oxford University Press.

Krzeszowski, T. P. 1990. *Contrasting Languages: The Scope of Contrastive Linguistics*. Berlin: Mouton de Gruyter.

Lakoff, G. 1993. The contemporary theory of metaphor. In A. Ortony (Ed.), *Metaphor and Thought*. Cambridge: Cambridge University Press.

Lakoff, G. & M. Johnson. 1980. *Metaphors We Live by*. Chicago: University of Chicago Press.

Lambrecht, K. 1994. *Information Structure and Sentence Form*. Cambridge: Cambridge University Press.

Langacker, R. W. 1973. *Language and its Structure* (2nd ed.). New York: Harcourt Brace Jovanovich, Inc.

Langacker, R. W. 1987. *Foundations of Cognitive Grammar*, Volume I, *Theoretical Prerequisites*. Stanford: Stanford University Press.

Langacker, R. W. 1991. *Foundations of Cognitive Grammar*, Volume II, *Descriptive*

Application. Stanford: Stanford University Press.

Langacker, R. W. 1993. Reference-point constructions. *Cognitive Linguistics*, 4(1).

Langacker, R. W. 1999. *Grammar and Conceptualization*. Berlin: Mouton de Gruyter.

Langacker, R. W. 2001. Discourse in cognitive grammar. *Cognitive Linguistics*, 12(2).

Langacker, R. W. 2008. *Cognitive Grammar: A Basic Introduction*. New York: Oxford University Press, Inc.

Leech, G. 1981. *Semantics* (2nd ed.). Harmondsworth: Penguin Books Ltd.

Leech, G. 1983. *Principles of Pragmatics*. London: Longman Group Ltd.

Leech, G. & J. Svartvik. 1974. *A Communicative Grammar of English*. London: Longman Group Ltd.

Leech, G., M. Deuchar & R. Hoogenraad. 1982. *English Grammar for Today: A New Introduction*. London: The Macmillan Press Ltd.

Levinson, S. C. 1983. *Pragmatics*. Cambridge: Cambridge University Press.

Li, C. N. & S. A. Thompson. 1981. *Mandarin Chinese: A Functional Reference Grammar*. Berkeley: University of California Press.

Lumsden, M. 1988. *Existential Sentences: Their Structure and Meaning*. London: Croom Helm.

Lyons, J. (Ed.). 1970. *New Horizons in Linguistics* (I). Harmondsworth & Penguin Books Ltd.

MacWhinney, B. 1977. Starting points. *Language*, 53(1).

Martin, J. R. 2000. Beyond exchange: APPRAISAL Systems in English. In S. Hunston & G. Thompson (Eds.), *Evaluation in Text: Authorial Stance and the Construction of Discourse*. Oxford: Oxford University Press.

Martin, J. R. & D. Rose. 2003. *Working with Discourse*. London: Continuum.

Martin, J. R., C. M. I. M. Matthiessen & C. Painter. 2010. *Deploying Functional Grammar*. Beijing: The Commercial Press.

McNally, L. 1997. *A Semantics of the English Existential Construction*. New York: Garland Publishing, Inc.

Ortony, A. (Ed.). 1993. *Metaphor and Thought*. Cambridge: Cambridge University Press.

Panther, K. & L. L. Thornburg. 2009. Introduction: On figuration in grammar. In K. Panther, L. L. Thornburg & A. Barcelona (Eds.), *Metonymy and Metaphor in Grammar*. Amsterdam: John Benjamins Publishing Company.

参考文献

Panther, K., L. L. Thornburg & A. Barcelona (Eds.). 2009. *Metonymy and Metaphor in Grammar*. Amsterdam: John Benjamins Publishing Company.

Pick, H. L. & L. P. Acredolo (Eds.). 1983. *Spatial Orientation: Theory, Research and Application*. New York: Plenum Press.

Prince, E. F. 1978. A comparison of wh-clefts and it-clefts in discourse. *Language*, 54(4).

Prince, E. F. 1981. Toward a taxonomy of given/new information. In P. Cole (Ed.), *Radical Pragmatics*. New York: Academic Press.

Quirk, R., S. Greenbaum, G. Leech & J. Svartvik. 1972. *A Grammar of Contemporary English*. London: Longman Group Ltd.

Quirk, R., S. Greenbaum, G. Leech & J. Svartvik. 1985. *A Comprehensive Grammar of the English Language*. London: Longman Group Ltd.

Radford, A. 1988. *Transformational Grammar: A First Course*. Cambridge: Cambridge University Press.

Robins, R. H. 1989. *General Linguistics: An Introductory Survey* (4th ed.). London: Longman Group Ltd.

Rochement, M. S. 1986. *Focus in Generative Grammar*. Amsterdam: John Benjamins Publishing Company.

Rochement, M. S. & P. W. Cullicover. 1990. *English Focus Constructions and the Theory of Grammar*. Cambridge: Cambridge University Press.

Rosch, E. 1975. Cognitive reference points. *Cognitive Psychology*, 7(4).

Saeed, J. I. 2009. *Semantics* (3rd ed.). West Sussex: John Wiley & Sons Ltd.

Sampson, G. 1980. *Schools of Linguistics*. Standford, California: Standford University Press.

Simon-Vandenbergen, A. M., M. Taverniers & L. Ravelli (Eds.). 2003. *Grammatical Metaphor: Views from Systemic Functional Linguistics*. Amsterdam: John Benjamins Publishing Company.

Sinclair, J. 1990/1999.《Collins COBUILD 英语语法大全》, 任绍曾主译, 北京: 商务印书馆.

Swan, M. 1980. *Practical English Usage*. Oxford: Oxford University Press.

Taglicht, J. 1984. *Message and Emphasis on Focus and Scope*. London. Longman Group Ltd.

Talmy, L. 1978. Figure and ground in complex sentences. In J. H. Greenberg, C. A. Ferguson & E. A. Moravcsik (Eds.), *Universals of Human Language*, *Volume 4:*

Syntax. Stanford, California: Stanford University Press.

Talmy, L. 1983. How language structures space. In H. L. Pick & L. P. Acredolo (Eds.), *Spatial Orientation: Theory, Research and Application*. New York: Plenum Press.

Talmy, L. 2000. *Toward a Cognitive Semantics*, Vol. I, *Concept Structuring Systems*. Cambridge, Mass.: The MIT Press.

Taverniers, M. 2002. *Systemic-Functional Linguistics and the Notion of Grammatical Metaphor: A Theoretical Study and a Proposal for a Semiotic-Functional Integrative Model* (PhD dissertation). Gent, Belgium: University of Gent.

Taverniers, M. 2004. Grammatical metaphors in English, *Moderna Språk*, 98(1).

Taverniers, M. 2006. Grammatical metaphor and lexical metaphor: Different perspectives on semantic variation. *Neophilologus*, 90(2).

Thompson, G. 1996. *Introducing Functional Grammar*. London: Arnold.

Thompson, G. 2004. *Introducing Functional Grammar* (2nd ed.). London: Arnold.

Tickoo, A. 1992. On preposing and word order rigidity. *Pragmatics*, 2(4).

Tottie, G. 1991. *Negation in English Speech and Writing: A Study in Variation*. New York: Academic Press, Inc.

Vachek, J. 2003. *Dictionary of the Prague School of Linguistics*. Amsterdam: John Benjamins Publishing Company.

Verschueren, J. 1999. *Understanding Pragmatics*. London: Arnold.

Ward, G. and B. Birner. 1995. Definiteness and the English existential. *Language*, 71(4).

Zandvoort, R. W. 1957. *A Handbook of English Grammar*. London: Longmans, Green and Co.

白梅丽(Marie-Claude Paris). 1981. 汉语普通话中的"连……也/都". 国外语言学. 第 3 期.

北京大学中文系 1955/1957 级语言班编. 1982. 现代汉语虚词例释. 北京：商务印书馆.

车文博. 1998. 西方心理学史. 杭州：浙江教育出版社.

陈国亭. 1989. 实义切分与汉语语序. 话语语言学论文集. 王福祥，白春仁(编). 北京：外语教学与研究出版社.

陈建民. 1986. 现代汉语句型论. 北京：语文出版社.

陈 平. 1990. 现代语言学研究——理论·方法和事实. 重庆：重庆出版社.

陈文达. 1983. 英语语调的结构与功能. 上海：上海外语教育出版社.

参考文献

陈宗明(主编). 1993. 汉语逻辑概论. 北京：人民出版社.

崔希亮. 1990. 试论关联形式"连……也/都……"的多重语言信息. 世界汉语教学. 第 3 期.

崔希亮. 1993. 汉语"连"字句的语用分析. 中国语文. 第 2 期.

丁声树等. 1961. 现代汉语语法讲话. 北京：商务印书馆.

范　晓. 1984. 关于动补格句式的句义重心. 中国语文通讯. 第 4 期.

范　晓. 1996. 三个平面的语言观. 北京：北京语言学院出版社.

范　晓(主编). 1998. 汉语的句子类型. 太原：书海出版社.

房玉清. 1993. 实用汉语语法. 北京：北京语言学院出版社.

郭锦桴. 1993. 汉语声调语调阐要与探索. 北京：北京语言学院出版社.

韩礼德. 2015. 科学语言. 张克定(译). 北京：北京大学出版社.

何　伟. 2008. 语法隐喻：形式变体和意义变体. 解放军外国语学院学报. 第 1 期.

何自然. 1988. 语用学概论. 长沙：湖南教育出版社.

何自然. 2000. 导读. J. Verschueren. 语用学新解. 北京：外语教学与研究出版社.

侯友兰. 1989. 也谈主谓谓语句——兼向吕叔湘先生请教. 语言文字学. 第 12 期.

胡明扬. 2000. 基本句式和变式. 汉语学习. 第 1 期.

胡树鲜. 1990. 现代汉语语法理论初探. 北京：中国人民大学出版社.

胡裕树(主编). 1981. 现代汉语(增订本). 上海：上海教育出版社.

胡壮麟. 1994. 语篇的衔接与连贯. 上海：上海外语教育出版社.

胡壮麟. 1995. 当代语言理论与应用. 北京：北京大学出版社.

胡壮麟, 朱永生, 张德禄. 1989. 系统功能语法概论. 长沙：湖南教育出版社.

胡壮麟, 朱永生, 张德禄, 李战子. 2005. 系统功能语言学概论. 北京：北京大学出版社.

黄伯荣, 廖序东(主编). 1983. 现代汉语(修订本)(上、下). 兰州：甘肃人民出版社.

黄国文. 1996. 英语的非对比型强势主位结构的特点. 解放军外语学院学报. 第 1 期.

黄国文. 1999. 英语语言问题研究. 广州：中山大学出版社.

黄国文. 2003. 英语语法结构的功能分析——强势主位篇. 太原：山西教育出版社.

姜望琪. 2007. 主位概念的嬗变. 系统·功能·评价. 张克定, 王振华, 杨朝军(编). 北京：高等教育出版社.

姜望琪. 2014. 语法隐喻理论的来龙去脉及实质. 解放军外国语学院学报. 第 5 期.

考夫卡. 1997. 格式塔心理学原理(上、下). 黎炜译. 杭州：浙江教育出版社.

李竞泉. 1986. 也谈"是……的"句式. 逻辑与语言学习. 第 3 期.

李临定. 1986. 现代汉语句型. 北京：商务印书馆.

李临定. 1988. 汉语比较变换语法. 北京：中国社会科学出版社.

李守田. 1988. 试谈汉语句子中的信息点. 语言文字学. 第 4 期.

李战子. 2004. 评价理论：在话语分析中的应用和问题. 外语研究. 第 5 期.

连淑能. 1993. 英汉对比研究. 北京：高等教育出版社.

刘丹青（主编）. 2005. 语言学前沿与汉语研究. 上海：上海教育出版社.

刘宓庆. 1991. 汉英对比研究与翻译. 南昌：江西教育出版社.

刘润清. 1995. 西方语言学流派. 北京：外语教学与研究出版社.

刘月华等. 1983. 实用现代汉语语法. 北京：外语教学与研究出版社.

卢曼云. 1989. 句子结构的内外层和名词性的外层成分. 语言文字学. 第 2 期.

鲁　川. 1988. 汉语句子的语义成分和语用分析. 语法研究和探索（四）. 中国语文杂志社编. 北京：北京大学出版社.

鲁　川，梁镇伟. 1986. 汉语信息语法. 语言文字学. 第 6 期.

陆俭明. 1993. 现代汉语句法论. 北京：商务印书馆.

陆致极. 1992. 计算语言学导论. 上海：上海教育出版社.

吕必松. 1982. 关于"是……的"结构的几个问题. 语言教学与研究. 第 4 期.

吕叔湘. 1977. 通过对比研究语法. 语言教学与研究. 试刊第 2 期.

吕叔湘. 1985. 疑问·否定·肯定. 中国语文. 第 4 期.

吕叔湘. 1986a. 汉语句法的灵活性. 中国语文. 第 1 期.

吕叔湘. 1986b. 主谓谓语句举例. 中国语文. 第 5 期.

吕叔湘. 1990. 吕叔湘文集（第二卷）. 北京：商务印书馆.

吕叔湘（主编）. 1984. 现代汉语八百词. 北京：商务印书馆.

罗常培，王均. 1957. 普通语音学纲要. 北京：科学出版社.

孟维智. 1984. 主谓谓语句的范围. 语法研究和探索（二）. 中国语文杂志社编. 北京：北京大学出版社.

彭宣维. 2013. 系统功能语言学概念语法隐喻新探. 当代外语研究. 第 11 期.

钱冠连. 1997. 汉语文化语用学. 北京：清华大学出版社.

钱冠连. 2000. 语用学：统一连贯的理论框架. 外语教学与研究. 第 3 期.

钱敏汝. 1990. 否定载体"不"的语义-语法考察. 中国语文. 第 1 期.

邵敬敏. 1988. 形式与意义四论. 语法研究和探索（四）. 中国语文杂志社编. 北京：北京大学出版社.

沈家煊. 1994. "语法化"研究综观. 外语教学与研究. 第 4 期.

沈家煊. 1997. 语用法的语法化. 语文研究群言集. 黄国文，张文浩（编）. 广州：中山大学出版社.

沈家煊. 2005. 认知语言学与汉语研究. 语言学前沿与汉语研究. 刘丹青（主编）. 上海：上海教育出版社.

沈开木. 1983. 表示"异中有同"的"也"字独用的探索. 中国语文. 第 1 期.

沈开木. 1984. "不"字的否定范围和否定中心的探索. 中国语文. 第 6 期.

沈开木. 1988. "表示强调"的"连"字所涉及的形式同内容的矛盾. 语法研究和探索（四）. 中国语文杂志社编. 北京，北京大学出版社.

申小龙. 1989. 汉语句型研究. 海口：海南人民出版社.

施 旗. 1988. 广播电视语言. 北京：中国广播电视出版社.

石安石. 1993. 语义论. 北京：商务印书馆.

宋渭澄. 1987. 前置、后置与强调. 外语研究. 第 2 期.

宋玉柱. 1991. 现代汉语特殊句式. 太原：山西教育出版社.

汤廷池. 1979. 国语语法研究论集. 台北：台湾学生书局.

汤廷池. 1980. 国语变形语法研究（修订版）. 台北：台湾学生书局.

汤廷池. 1983. 国语的焦点结构："分裂句"、"分裂变句"与"准分裂句". 汉语语法·语意学论集. 汤廷池等（编）. 台北：台湾学生书局.

汤廷池等（编）. 1983. 汉语语法·语意学论集. 台北：台湾学生书局.

佴 西，董乐山，张今. 1984. 英译汉理论与实例. 北京：北京出版社.

王福祥，白春仁（编）. 1989. 话语语言学论文集. 北京：外语教学与研究出版社.

王 还. 1987. 门外偶得集. 北京：北京语言学院出版社.

王 磊. 1996. 英语倒装句研究. 外语学刊. 第 4 期.

王 力. 1985. 中国现代语法. 北京：商务印书馆.

王维贤，李先琨，陈宗明. 1989. 语言逻辑引论. 武汉：湖北教育出版社.

王 寅. 2006. 认知语法概论. 上海：上海外语教育出版社.

王振华. 2001. 评价系统及其运作——系统功能语言学的新发展. 外国语. 第 6 期.

王自强. 1984. 现代汉语虚词用法小词典. 上海：上海辞书出版社.

王宗炎. 1985. 语言问题探索. 上海：上海外语教育出版社.

王宗炎（主编）. 1988. 英汉应用语言学词典. 长沙：湖南教育出版社.

谢景荣. 1992. Only 的限定范围和限定中心. 现代外语. 第 3 期.

邢福义. 1997. 汉语语法学. 长春：东北师范大学出版社.

徐 杰. 1993. 汉语描写语法十论. 郑州：河南教育出版社.

徐烈炯. 1990. 语义学. 北京：语文出版社.

徐盛桓. 1983a. "否定范围"和"否定中心"的新探索. 外语学刊. 第 1 期.

徐盛桓. 1983b. 汉语主位化初探. 语言文字学. 第 11 期.

徐盛桓. 1987a. 论语句的"中心". 外语教学与研究. 第 2 期.

徐盛桓. 1987b. 论割裂句. 山东外语教学. 第 3 期.

徐盛桓. 1990. 否定范围和否定中心的再探索. 外国语. 第 5 期.

徐盛桓. 1993. 预设新论. 外语学刊. 第 1 期.

徐盛桓. 1994a. 论表"添加"义的 TOO. 外语学刊. 第 1 期.

徐盛桓. 1994b. 关于量词否定句. 外国语. 第 6 期.

徐盛桓. 1995. 英语倒装句研究. 外语教学与研究. 第 4 期.

徐盛桓. 1996a. 信息状态研究. 现代外语. 第 2 期.

徐盛桓. 1996b. 语用问题研究. 开封：河南大学出版社.

徐盛桓. 1996c. 论表"添加"义的 EVEN. 外语学刊. 第 1 期.

许余龙. 1992. 对比语言学概论. 上海：上海外语教育出版社.

杨信彰. 2003. 语篇中的评价性手段. 外语与外语教学. 第 1 期.

杨自俭，李瑞华（编）. 1990. 英汉对比研究论文集. 上海：上海外语教育出版社.

袁　晖，戴耀晶. 1998. 三个平面：汉语语法研究的多维视野. 北京：语文出版社.

昝连生. 1993. 英语语法与信息结构. 合肥：安徽教育出版社.

张　斌，胡裕树. 1989. 汉语语法研究. 北京：商务印书馆.

张伯江，方梅. 1996. 汉语功能语法研究. 南昌：江西教育出版社.

张春兴. 1994. 现代心理学——现代人研究自身问题的科学. 上海：上海人民出版社.

张道真. 1985—1987. 现代英语用法词典(1—5). 上海：上海译文出版社.

张德禄，雷茜. 2013. 语法隐喻研究在中国. 外语教学. 第 3 期.

张德禄，董娟. 2014. 语法隐喻理论发展模式研究. 外语教学与研究. 第 1 期.

张　今. 1990. 英语句型的动态研究. 开封：河南大学出版社.

张　今. 1997. 思想模块假说——我的语言生成观. 开封：河南大学出版社.

张　今，陈云清. 1981. 英汉比较语法纲要. 北京：商务印书馆.

张　今，刘光耀. 1996. 英语抽象名词研究. 开封：河南大学出版社.

张　今，张克定. 1998. 英汉语信息结构对比研究. 开封：河南大学出版社.

张克定. 1991. 英语语言学导论. 郑州：河南人民出版社.

张克定. 1993. 调核与信息中心. 英语知识. 第 11 期.

张克定. 1995. 英汉语聚焦手段对比研究(*Focusing Devices in English and Chinese*：*A Contrastive Study*). 博士学位论文. 广州：中山大学.

张克定. 1996. 论提示中心副词"也". 河南大学学报(社科版). 第 6 期.

张克定. 2000. 句式变化的认知语用理据. 解放军外国语学院学报. 第 4 期.

张克定. 2006. 英语存现构造的认知解释. 四川外语学院学报. 第 6 期.

张克定. 2007. 英语 *there*-结构的认知解释. 外语学刊. 第 2 期.

张克定. 2008. 英语句式的多维研究. 北京：中国社会科学出版社.

张克定，王振华，杨朝军(编). 2007. 系统·功能·评价. 北京：高等教育出版社.

张克礼. 2001. 新英语语法. 北京：高等教育出版社.

章振邦(主编). 1989. 新编英语语法(修订本)(上、下). 上海：上海译文出版社.

章振邦. 1997. 新编英语语法(第三版). 上海：上海外语教育出版社.

赵陵生. 1989. 表达句子中心信息的手段. 话语语言学论文集. 王福祥，白春仁 (编).北京：外语教学与研究出版社.

赵振才. 1985. 汉语简单句的语序与强调. 语言教学与研究. 第 3 期.

周小兵. 1990. 汉语"连"字句. 中国语文. 第 4 期.

周有光. 1995. 语文闲谈(上). 北京：生活·读书·新知三联书店.

朱德熙. 1982. 语法讲义. 北京：商务印书馆.

朱永生. 1994. 英语中的语法比喻现象. 外国语. 第 1 期.

朱永生，苗兴伟. 2000. 语用预设的语篇功能. 外国语. 第 3 期.

朱永生，严世清. 2001. 系统功能语言学多维思考. 上海：上海外语教育出版社.

朱永生，严世清. 2011. 系统功能语言学再思考. 上海：复旦大学出版社.

中国大百科全书总编辑委员会《语言文字》编辑委员会. 1988. 中国大百科全书(语言·文字). 上海：中国大百科全书出版社.

汉英人名对照表

汉 语 译 名	英 文 原 名
比伯	**Biber**, Douglas
伯纳	**Birner**, Betty J.
道格罗	**Dorgeloh**, Heidrun
德拉亨蒂	**Delahunty**, Gerald P.
迪克	**Dik**, Simon C.
菲尔默	**Fillmore**, Charles J.
弗里斯	**Fries**, Peter H.
戈德伯格	**Goldberg**, Adele E.
格林鲍姆	**Greenbaum**, Sidney
海曼	**Hyman**, Larry M.
海茵	**Heine**, Bernd
韩礼德	**Halliday**, Michael A. K.
韩茹凯	**Hasan**, Ruqaiya
汉内	**Hannay**, Michael
赫德尔斯顿	**Huddleston**, Rodney
霍恩	**Horn**, Laurence R.
杰肯道夫	**Jackendoff**, Ray
卡普兰	**Kaplan**, David

（续表）

汉 语 译 名	英 文 原 名
克鲁坦登	**Cruttenden**, Alan
肯普森	**Kempson**, Ruth M.
夸克	**Quirk**, Randolph
拉姆斯登	**Lumsden**, Michael
莱文森	**Levinson**, Stephen C.
兰艾克	**Langacker**, Ronald W.
雷考夫	**Lakoff**, George
李讷	**Li**, Charles N.
利奇	**Leech**, Geoffrey N.
鲁宾	**Rubin**, Edgar
罗斯	**Rose**, David
马蒂森	**Matthiessen**, Christian M. I. M.
马丁	**Martin**, J. R.
麦克纳利	**McNally**, Louise
麦克温尼	**MacWhinney**, Brian
普拉姆	**Pullum**, Geoffrey K.
普林斯	**Prince**, Ellen F.
琼斯	**Jones**, Daniel
斯瓦特维克	**Svartvik**, Jan
斯旺	**Swan**, Michael
塔尔米	**Talmy**, Leonard
塔弗尼尔斯	**Taverniers**, Miriam
塔格利希特	**Taglicht**, Josef
汤普森	**Thompson**, Sandra A.
汤普森(杰夫·~)	**Thompson**, Geoff
瓦切克	**Vachek**, Josef
沃德	**Ward**, Gregory
西蒙-范登伯根	**Simon-Vandenbergen**, Anne-Marie
辛克莱	**Sinclair**, John

附录二

各章中英文摘要

1

语用预设与信息焦点

摘　要：语用预设是一种言者预设，与信息焦点密切相关。在言语活动中，交际者心目中总有着某种语用预设，交际者也总是根据语用预设来安排表达信息焦点的方式。交际者可以采用不同的方式来标示出所要表达的信息焦点。这些方式包括语音语调、词汇、句型等。无论采取哪种方式来凸显信息焦点，都要基于语用预设。语用预设决定着信息焦点的选择，决定着信息焦点在语句中的位置，信息焦点随着语用预设的变化而变化。

关键词：语用预设；信息结构；信息焦点；交际目的

Pragmatic Presupposition and Information Focus

Abstract：Pragmatic presupposition, which is a kind of speaker's presupposition, is closely related to information focus. In everyday communication, the speaker always has some pragmatic presupposition in his/her mind, in accordance with which he/she chooses his/her way to express information focus. Such ways adopted by the speaker are usually of different types. They may be phonological, lexical or syntactic. However, no matter which type is employed to express information focus, it always depends on pragmatic presupposition. Normally, pragmatic presupposition governs the choice of information focus and also decides the position of information focus in a sentence. Therefore, information focus changes together with pragmatic presupposition.

Key words: pragmatic presupposition; information structure; information focus; communicative purpose

2

预设与英语割裂句的强调功能

摘　要：预设是说话人认为他和听话人所共享的信息，是双方共同接受的已知信息。预设不仅可以从某些特定的词汇得到提示，而且可以从某些特定的句式结构得到提示。英语中的割裂句便是一例。在割裂结构体中，"割裂成分 2"往往是预设，"割裂成分 1"为信息焦点。人们在使用割裂句时到底选择哪一句子成分作为"割裂成分 1"来充当信息焦点则要取决于语句的预设。在言语交际活动中，说话人总是根据其心目中的预设来决定所要表达的信息焦点，即预设决定着信息焦点的选择，而且信息焦点会随着预设的变化而变化。

关键词：预设；割裂句；信息焦点；强调功能

Presupposition and the Emphatic Function of English *It*-cleft Sentences

Abstract: Presupposition is regarded by the speaker as the shared information between him/her and the hearer. This kind of shared information is surely given information in nature. Presupposition can be indicated by particular lexical items or particular syntactic structures, one of which is *it*-cleft sentence in English. In such a cleft-syntagma, cleft-element 2 (CE_2) is usually presupposition whereas cleft-element 1 (CE_1) is information focus. Which clausal element is chosen as CE_1, i.e. information focus, depends on the presupposition of the utterance. In everyday communication, the speaker always expresses information focus on the basis of the presupposition in his/her mind. Therefore, it can be inferred that presupposition decides the choice of information focus, which changes as presupposition changes.

Key words: presupposition; *it*-cleft sentence; information focus; emphatic function

3
英语呈现性 *there*-结构的信息状态与认知理据

摘　要：英语 *there*-结构可分为存在性 *there*-结构和呈现性 *there*-结构两大类。按照信息结构理论，从话语/语篇和听话人的角度来看，呈现性 *there*-结构中的 PVNP 所传递的信息可以是**话语新＋听者新信息**，也可以是**话语新＋听者旧信息**，但不能是**话语旧＋听者旧信息**，这是恰当性条件的限制使然。按照认知语言学中的图形-背景关系理论，*there*-结构可称为 TtFG 结构。作为 TtFG 结构的一种，呈现性 *there*-结构中的 PVNP 和时空短语分别为图形和背景，前者以后者为参照而得到凸显。这就从认知上解释了该结构中的 PVNP 所传递的信息为什么不能完全是旧信息，而必须是**话语新＋听者新信息**或**话语新＋听者旧信息**。

关键词：呈现性 *there*-结构；信息结构；信息状态；图形-背景关系；认知理据

Information Status and Cognitive Motivations of Presentational *There*-Construction in English

Abstract: English *there*-constructions can be classified into existential and presentational *there*-constructions. According to the theory of information structure, and from the discourse- and hearer-perspectives, the information conveyed by the postverbal nominal phrase (PVNP) in the presentational *there*-construction is either discourse-new + hearer-new or discourse-new +

附录二　各章中英文摘要

hearer-old, but not discourse-old + hearer-old, which is due to the restriction of the felicity condition on such a construction. Based on the Figure-Ground relation theory in cognitive linguistics, *there*-constructions can be generalized as the TtFG construction. As one type of the TtFG construction in English, the PVNP in the presentational TtFG construction serves as the Figure and the spatio-temporal phrase as the Ground. The former is made prominent in reference to the latter, which provides a cognitive explanation for why the information conveyed by the PVNP in this construction is either discourse-new + hearer-new or discourse-new + hearer-old, but cannot be totally old.

Key words: presentational *there*-construction; information structure; information status; Figure-Ground relation; cognitive motivation

4

英汉语语音聚焦手段对比研究

摘　要：英语和汉语都使用一定的语言手段来标示信息焦点。标示信息焦点的手段可分为语音手段、词汇手段、语法手段等。在口头言语交际中,英语和汉语均使用语音聚焦手段来标示信息焦点。但是,英语属于语调语言,汉语属于声调语言,这两种类型的语言在语音聚焦手段的使用频率上具有较大的差异。英语中语音聚焦手段的使用频率要远远高于汉语。

关键词：聚焦手段;语音手段;信息焦点;频率;对比研究

Phonological Focusing Devices in English and Mandarin Chinese
— A Contrastive Study

Abstract: Both English and Mandarin Chinese employ certain linguistic devices to mark information focus. Such linguistic focusing devices include phonological, lexical and grammatical devices. In oral communication, both English and Chinese use phonological focusing devices to highlight information focus. However, English belongs to intonation languages whereas Chinese belongs to tone languages, due to which these two types of language reveal a significant difference in the usage frequency of the phonological focusing devices. Phonological focusing devices are far more frequently employed to mark information focus in English than in Chinese.

Key words: focusing devices; phonological devices; information focus; frequency; contrastive study

5

英汉语词汇聚焦手段对比研究

摘　要：英语和汉语都有一些词汇可以用来标示信息焦点,这些词汇叫作焦点提示语,包括排他性、特指性、添加性和否定性四类焦点提示语。排他性焦点提示语强调焦点成分的唯一性;特指性焦点提示语旨在引起对焦点成分的特别注意;添加性焦点提示语在于为上文内容添加上新的内容;否定性焦点提示语在于否定语句中的某一成分并使之成为否定焦点。各种焦点提示语都有一定的语义范围,但不同的焦点提示语具有不同的语义范围,通常只能把处于其语义范围内的某一成分标示为信息焦点。否定性焦点提示语的语义范围在英汉语中有着明显的差异。在汉语中,否定性焦点提示语的否定范围可以包括整个分句,但不能超越分句的界限;而在英语中,否定性焦点提示语的否定范围不仅可以包括整个分句,有时还可以跨越分句界限,将其后的原因分句或时间分句包括在内。

关键词: 信息结构;信息焦点;聚焦手段;对比研究

Lexical Focusing Devices
in English and Mandarin Chinese
— A Contrastive Study

Abstract: In both English and Mandarin Chinese, there are some lexical items which can be employed to mark information focus. Such lexical items may be called focusing markers. They are exclusives, particularizers, additives, and negatives. Exclusives emphasize the uniqueness of the focused element. Particularizers attract special attention to the focused element. Additives add new content to the previous discourse. Negatives negate an element within the scope of negation and the negated element hence becomes the focus of negation. Although these types of focusing markers have their own semantic scope, their semantic scopes are certainly different from one another. Normally, only one of the elements within their semantic scope can be marked as the information focus. There is a significant difference in the semantic scope of English and Chinese negatives. In Mandarin Chinese, the scope of negation may extend over the whole clause, but it can never go beyond the clause boundary, whereas in English, the scope of negation may range over the whole clause, and sometimes it can even go beyond the clause boundary to include a final subordinate clause of time or reason.

Key words: information structure; information focus; focusing devices; contrastive study

6

英汉语双宾句对比研究

摘 要: 双宾句是英语和汉语中都有的一种句型。从信息结构的角度来讲,英汉语双宾句的信息焦点通常为直接宾语。间接宾语要成为信息焦点,英语通常用介词将其移至句末,汉语则使用"把"字句使间接宾语位于句末。英汉语双宾句都可以重组为被动句。当间接宾语为被动句的主语时,信息焦点落在直接宾语上,反之,信息焦点则落在间接宾语上。在英语中,绝大多数双宾句都能够以间接宾语为主语重组为被动句,当直接宾语用作被动句的主语时,往往要用介词来引导间接宾语。在汉语中,能够重组为被动句的双宾句极为有限,而且不能有两种相应的被动句,而只能有一种。要么以间接宾语作被动句的主语,要么以直接宾语作被动句的主语。而且用作被动句主语的直接宾语通常必须是专指的,英语则没有这种限制。

关键词: 信息结构;双宾句;对比研究

Double Object Construction in English and Mandarin Chinese
— A Contrastive Study

Abstract: There is a syntactic pattern called double object construction in both English and Mandarin Chinese. From the perspective of information structure, information focus normally falls on the direct object in such a construction in both languages. If the indirect object is to receive information focus, it is usually postponed to the clause-final position with the help of a preposition in English, whereas it is put at the clause-final position by means of *Ba*-construction in Mandarin Chinese. A double object construction may be reorganized into a passive one in both English and Mandarin Chinese. In such a case, when the indirect object serves as the subject in the passive construction, information focus falls on the direct object, otherwise, it falls on the indirect object. In English, most double object constructions can be rearranged into their passive counterparts. In such a case, when the direct object occupies the subject position of the related passive construction, the indirect object has to be introduced by a certain preposition. In sharp contrast, double object constructions in Mandarin Chinese are highly restricted in passivization. What's more, even if a double object construction in Mandarin Chinese can be passivized, it can only have either its direct object or its indirect object function as the subject in the passive counterpart, but not both. In addition, when the direct object in a double object construction in Mandarin Chinese is to serve as the subject of the passive counterpart, it must be definite. Such a restriction is much weaker in English.

Key words: information structure; double object construction; contrastive study

7

英语语篇衔接简论

摘　要: 语篇不是一串句子的随意组合,而是由一串意义相互关联的句子所组成的语义单位。作为语义单位,语篇中的句子之间不仅存在着语义上的关联,而且存在着语言结构形式上的关联。这些语言形式上的关联通常称为衔接手段。按照韩礼德的功能语法理论,英语语篇的衔接手段包括照应、替代、省略、连接和词汇衔接五种。这些衔接手段不只是形式上的关联,而且必须在语义上是相互关联的。这就是说,衔接手段是语义连贯的显性体现。

关键词: 衔接;连贯;语篇;语义单位;体现

An Outline of Textual Cohesion

Abstract: Text is not a random set of sentences put together in sequence, but rather a semantic unit consisting of a well-organized set of sentences that are semantically interrelated to one another. As such, there exist not only semantic relations but also formal relations among the sentences in a text. The formal relations among the sentences in a text are usually referred to as cohesive devices, which include reference, substitution, ellipsis, conjunction and lexical cohesion according to Halliday's theory of Functional Grammar. These cohesive devices, superficially, seem to convey only formal relations, but as a matter of fact, they reveal the interrelations among sentences in a text both in form and in meaning. Therefore, it can be argued that cohesive devices are the explicit linguistic realizations of coherence in text.

Key words: cohesion; coherence; text; semantic unit; realization

8

英语存在句的主位划分和语篇功能

摘　要: 在系统功能语言学中,英语存在句可看作一种强势主位结构。在这一结构中,there + be 可以视为主位触发语,其后的名词性词组可视为强势主位,其余部分则为述位。从语义角度看,存在句中的强势主位可分为对比型强势主位和非对比型强势主位。前者往往表示对比性新信息或对比性(新 + 已知)信息;后者则经常表示新信息、(已知 + 新)信息、(新 +

已知)信息或已知信息。从语篇的角度看,存在句中的强势主位具有话语引发、话语展开和话语小结三大语篇功能,各语篇功能还具有若干次功能。

关键词: 存在句;强势主位;主位分析;信息状态;语篇功能

English Existential Sentences
— Thematic Analysis and Textual Functions

Abstract: In accordance with Systemic Functional Linguistics, English existential sentences can be regarded as enhanced Theme constructions. In such a construction, *there* + *be* serves as the Theme-trigger, the nominal group as the enhanced Theme, and the residue as the Rheme. As the Theme-trigger, *there* + *be* always plays the role of introducing the enhanced Theme. From a semantic point of view, the enhanced Theme of existential sentences may be divided into two types: contrastive enhanced Theme and non-contrastive enhanced Theme. The former type usually represents contrastive information, which may be contrastively new information or contrastively new + given information, while the latter type normally represents non-contrastive information, which may be new information, given + new information, new + given information, or even given information. From a textual point of view, the enhanced Theme of existential sentences may serve three textual functions: discourse-introducing function, discourse-developing function and discourse-summing-up function. The discourse-introducing function usually introduces a topic into text or sets up a situation for text. The discourse-developing function normally provides a new topic for text, picks up a given topic from previous text, or lists the sub-types of a topic in text. The discourse-summing-up function serves as either an assuring conclusion or a pending conclusion. And each of these three textual functions may have their own sub-functions as well.

Key words: existential clause; enhanced Theme; thematic analysis; information status; textual function

附录二 各章中英文摘要

附录二 各章中英文摘要

9

英语处所主语小句的形成机制和主位特性

摘　要：英语处所主语小句是指其主语具有标示状态或活动的地点这样的处所语义角色的小句。从及物性结构来看，英语处所主语小句包括环境关系过程小句和心理过程小句两类。它们均属于概念语法隐喻小句。前者的形成机制包括过程转换、成分功能转换和成分结构形式转换。后者的形成机制不仅包括上述三种转换，而且要有拟人化机制的参与。在处所主语小句的形成机制中，过程的转换是决定性的，决定着处所主语小句的过程类型，决定着成分功能的转换，成分功能的转换又决定着成分结构的形式转换。而拟人化的发生则要取决于某一过程是否被转换为心理过程。从主位结构的角度来看，英语处所主语小句的主位在性质上不同于对应的一致式小句的主位。处所主语小句的主位，由于其固有的空间处所义，是小句信息的出发点和述位所述状态或活动得以展开的空间处所，但不是述位所关涉的对象。

关键词：处所主语小句；语法隐喻；形成机制；主位特性

English Locative-Subject Clause
— Its Formation Mechanism and Intrinsic Semantic Feature of Theme

Abstract: English locative-subject clause (ES_LC) refers to clauses whose subject has the LOCATIVE role of designating the place of the state or action. In transitivity structure, ES_LC may be either relational clauses of circumstance or mental clauses, both of which are clauses of ideational grammatical metaphor. The formation mechanism of the former type involves process transfer, transfer of element function and transfer of element structure. In addition to these three kinds of transfer, the formation of the latter also involves personification. Of the transfers of the formation mechanism, process transfer is determinant. It determines the process type of the transferred clause and the transfer of element function, which in turn decides the transfer of element structure. And personification depends on whether the transferred clause is a mental relation clause or not. In thematic structure, the subject of ES_LC may be regarded as unmarked Theme, which is different in nature from that of its corresponding congruent counterpart. The unmarked Theme of ES_LC serves as the point of departure of the message and provides a spatial location for the state or action of the Rheme. However, it is certainly not what the Rheme is about due to its own intrinsic semantic feature of location.

Key words: locative-subject clause; grammatical metaphor; formation mechanism; intrinsic semantic feature of Theme

10
英语主位化评述结构及其评价功能

摘　要：主位化评述结构是由 *it-*小句和名词性小句构成的一种实现主观评价客观化的词汇语法手段。按照主位-述位理论,这一结构可以在两个层次上进行主位分析,即对该结构整体上的宏观主位分析和对该结构中两个小句分别进行的微观主位分析。根据马丁的评价理论,主位化评述结构中的 *it-*小句可视为评述小句,名词性小句可视为被评述小句,两者形成一种评述与被评述的关系。通常,主位化评述结构具有判断型、情感型和鉴赏型等评价功能,其中判断型评价可分为事实性/真实性评价、可能性/可行性评价、妥当性评价和建议性评价等;情感型评价可分为正态情感评价和负态情感评价;鉴赏型评价则可分为正鉴赏评价和负鉴赏评价。

关键词：主位化评述结构;主位分析;评价理论;评价功能

English Thematized Comment Construction and its Appraisal Functions

Abstract: Thematized comment construction (TCC), which consists of an *it*-clause and a nominal clause, is a lexico-grammatical device to objectivize the speaker's subjective viewpoint. Based on the Theme-Rheme theory, TCC may be given two thematic analyses at both the construction level and the clausal level, i. e., a macro-thematic analysis of the construction as a whole and a micro-thematic analysis of each of the two clauses. According to Martin's Appraisal theory, in TCC, the *it*-clause may be regarded as the commenting clause and the nominal clause as the commented, and the two clauses form a relationship of the former commenting on the latter. Generally speaking, TCC has three appraisal functions of Judgement, Affect and Appreciation, each of which has its own sub-appraisal functions. Judgement may be the speaker's judgement of fact/truth, possibility/practicability, propriety or suggestion. Affect and Appreciation may be either positive or negative.

Key words: thematized comment construction; thematic analysis; Appraisal theory; appraisal functions

11

英语前置主位的信息状态和语篇功能

摘　要：在系统功能语言学中,主位结构和信息结构都是重要的研究话题,主位有无标记主位和有标记主位之分。本章从语用的角度,在语篇的层面上考察了前置主位的信息状态和语篇功能。前置主位是通过主位前置这一语用重组手段形成的有标记主位。主位前置同左位移动和倒装既有联系,又有区别。从语用的角度看,前置主位所传递的信息可以是语篇性已知信息、可推知已知信息、可推知新信息、"已知＋新"信息、对比性信息或新信息。从语篇建构的角度考察,前置主位具有以下三种语篇衔接功能：承上功能、启下功能和承上启下功能。就前置主位的信息性和衔接性而言,前置主位所传递的信息新信息性越弱,其语篇衔接性越强,反之亦然。
关键词：前置主位;信息状态;语篇功能

Information Status and Textual Functions
of Preposed Theme in English

Abstract: Thematic structure and information structure are key topics in

Systemic Functional Linguistics. Theme is divided into unmarked Theme and marked Theme. This chapter attempts to investigate the information status and textual functions of preposed Theme, which is a kind of marked Theme, at the textual level from a pragmatic perspective. Preposed Theme is derived by means of the pragmatic reordering device —— Theme preposing, which is related to but different from both left-dislocation and inversion. From the pragmatic perspective, preposed Theme may convey given information, inferable given information, inferable new information, given + new information, contrastive information and new information. In constructing a text, preposed Theme may perform three textual functions: achieving cohesion to the previous text, providing a new topic for the text to follow, and both achieving cohesion to the previous text and initiating further textual development. As far as the informativeness and textual cohesiveness of preposed Theme is concerned, the weaker its informativeness, the stronger its cohesiveness, and vice versa.

Key words: preposed Theme; information status; textual functions

12

英语句首空间附加语的语篇功能

摘　要：英语句首空间附加语是指具有空间意义且居于句首的句子附加语。从语法结构来讲,这种句子附加语通常为句子中的任选成分,而不是必备成分。从系统功能语言学中的主位结构和信息结构来看,句首空间附加语为有标记主位,通常表达已知信息。因此,在语篇建构过程中,句首空间附加语具有空间设定、语篇衔接、新话题引入、信息对比等语篇功能。然而,一个句首空间附加语往往具有不止一种语篇功能,而且可以同时起到多种语篇建构功能。由于这种空间附加语在句中所处的位置,句首空间附加语在语篇建构中往往可以起到承上启下的桥梁作用。

关键词：句首空间附加;句子附加语;有标记主位;语篇功能;承上启下

Textual Functions of Clause-initial Space Adjuncts in English

Abstract：Clause-initial space adjuncts in English refer to the sentence adjuncts which express spatial meanings and which are at the beginning of a clause. From the viewpoint of grammatical structure, such sentence adjuncts are usually optional elements, rather than obligatory ones. According to the thematic structure and the information structure in Systemic Functional Linguistics, clause-initial space adjuncts are regarded as the marked Theme, and they normally convey given information. As a result, in the process of discourse-structuring, these adjuncts may perform such textual functions as spatial scene-setting, cohesion-maintaining, new topic-introducing, information-contrasting, and so on. However, one clause-initial space adjunct may often perform more than one such textual functions simultaneously. Therefore, such adjuncts, due to their clause-initial position, can perform a bridging function between what goes previously and what follows as the text is unfolding.

Key Words：clause-initial space adjunct；sentence adjunct；marked Theme；textual function；bridging function

13

英语倒装句的语篇功能

摘　要：以往的倒装句研究往往局限在句法平面之内。本章以语用为视角，在语篇层面上探讨英语倒装句的语篇功能。倒装句可视为一种变式句，并可分为强制性倒装和非强制性倒装。作为一种信息重组的语用手段，倒装句在语篇建构中具有如下语篇功能：话题导入功能、情境设定功能、焦点凸显功能、焦点对比功能、语篇衔接与连贯功能等。倒装句的这些功能通常共同作用于语篇建构，从而保证语篇成为一个统一的语义整体。

关键词：常式句/变式句；倒装句；强制性/非强制性倒装；语篇功能

Textual Functions of English Inversion

Abstract：Previous research on inversion has been done at the syntactic level. This chapter attempts to study the textual functions of English inversion at the textual level from a pragmatic perspective. Inverted clauses may be regarded as a type of marked clauses, which can then be divided into obligatory inversion and optional inversion. As a device of pragmatic reordering of information, inversion performs, in constructing a text, such textual functions as topic-introducing, situation-setting, focus-highlighting, focus-contrasting, and textual cohesion and coherence. It has to be noticed that these textual functions of inversion usually work together to make a text into a semantic whole.

Key words：marked/unmarked clauses；inversion；obligatory/optional inversion；textual functions

14
英语方位倒装句的语篇功能及其认知理据

摘　要：根据认知语言学中的图形-背景关系理论,英语方位倒装句可视为 GtF 结构。在这种结构中,背景具有认知参照点的作用,图形要以背景为参照来确定其空间位置,过渡具有标明背景和图形之间的动态或静态空间关系的作用。从语篇建构的角度来看,英语 GtF 结构具有两种主要语篇功能:一是与上文保持衔接,一是为语篇引入新的实体。前者由背景完成,后者由图形完成。背景既有与上文衔接的功能,又可起到话语起点的作用。作为被引入语篇的新实体,图形可以充当语篇下文的话题,若图形具有空间特征,则成为语篇下文得以展开的空间场景。

关键词：方位倒装;GtF 结构;图形-背景关系;认知参照点;语篇功能

English Locative Inversion Construction
— Its Textual Functions and Cognitive Motivation

Abstract：Based on the Figure-Ground relation theory in cognitive linguistics, English locative inversion constructions may be regarded as a *GtF* (Ground + *t*(ransition) + Figure) construction, in which *G* serves as the cognitive reference point, *F* is the object to be located in reference to *G*, and *t* plays the role of indicating the dynamic or static spatial relation between *G* and *F*. From the viewpoint of text structuring, English *GtF* construction may perform two main textual functions. One is to be cohesive with the preceding text, the other is to introduce into the text a new entity. The former is carried out by *G* while the latter by *F*. What's more, *G* also serves as the starting point, and *F*, as the newly introduced entity which may function as the topic or the scene for the following text to develop.

Key words: locative inversion; Figure-Ground relation; *GtF* construction; cognitive reference point; textual functions